宜居北上

港人內地生活指南

西 DorSi、李澄幸 著

萬里機構

推薦序一

明・沈璟在《埋劍記・柔遠》中感嘆：「自古道物離鄉貴，人離鄉賤；這語話，信非假，到如今轉憶家。」寥寥數語，道盡了離鄉者的孤獨與艱辛。離家遠行，不僅是地理上的遷徙，更是生活重心的轉移——陌生的環境、文化的差異、未知的挑戰……一切生活瑣事，無一不成為考驗。正所謂人生路不熟，每一步都需披荊斬棘。

《宜居北上——港人內地生活指南》正是為此而生。俗語有云：「在家靠父母，出外靠朋友。」書中的內容並非紙上談兵，而是實戰中淬煉出的智慧錦囊，就像是他鄉遇故知，這位「老友」帶你避開陷阱、掌握竅門。從程序繁複的租屋買房、豐富多元的生活娛樂、公共服務的便捷獲取，乃至細膩入微的文化適應心法，作者西 DorSi 及李澄幸以過來人的經驗，細緻梳理出這本「北上生活全攻略」，助你將千頭萬緒的生活難題逐一拆解，化繁為簡，使安頓的過程更為順遂心安。

無論你是為事業北上，為家庭遷居，抑或為夢想遠行，這本書均能成為你的智慧夥伴，伴你走過迷茫，安頓身心，邁向理想幸福的生活！

香港特別行政區律政司副司長
張國鈞博士，SBS，JP
2025 年 6 月

推薦序二

一個香港人的大灣區「闖關升級」實錄

2016 年，我抱着「試試看」的心態來到廣州工作，沒想到就此展開了一場長達九年的「大灣區生活實驗」。從廣州到珠海再到深圳，這段旅程就像在玩角色扮演遊戲——每換一個城市就解鎖新地圖，過程中累積了不少「實用經驗值」。

租房過來人

初到廣州時，我在珠江新城獵德村租了間 500 呎的「豪宅」，興沖沖地跟上司分享，對方卻説：「才 50 方？一個人勉強夠住啦！」這才知道，兩地對「居住空間」的認知差距有多大。更讓我印象深刻的是租房經歷：當時通過中介付了半個月租金作佣金，後來才發現獵德村的公告欄上，貼滿了房東直租的聯繫方式，如果找村裏的街坊中介，2016 年的中介費只要￥1,000！這令我意識到，解鎖當地生活文化，可能可以提升日常的幸福指數。因此，如果北上租房，建議大家多問多看多對比。

就醫自由知多啲

我第一次在廣州看病，選擇去省中醫院大德路總院，由於人太多，很難掛到理想醫生的號。後來學聰明了，改掛二沙島分院的號，同樣的醫生、同樣的療效，現場等候環境舒服很多。這種「副本打法」，成了我在大灣區生活的必備技能。2020 年轉戰珠海後，珠海橫琴醫院給了我全新體驗。預約制就診像開了 VIP 通道，連我那位腰疼的朋友都養成了日日到橫琴醫院「復健打卡」的習慣。現在回想起來，這些年最大的收穫，就是學會了如何在大灣區「聰明生活」。

西 DorSi 與李澄幸這本書，正是集結了我們這些「灣區先鋒隊」的實戰經驗。從租房買房的經驗手冊，到就醫理財的省時秘訣；從生活開支的精打細算，到城市特色的深度解讀⋯⋯與其像我當年那樣「盲衝莽撞」，不如先翻開這本「通關寶典」。

願每位北上的朋友，都能少走彎路，多收穫驚喜。

莊美蓉
深圳領展中心城項目公司總經理

推薦序三

我與西 DorSi、李澄幸相識多年，兩位作者以平實且嚴謹的筆觸，融入親身生活體驗，梳理移居大灣區的實用知識，為有意北上生活的讀者提供實用參考。

作為香港知名 YouTuber，兩位作者的創作來自港人視角，已積累深厚的影響力。西 DorSi 聚焦北上消費與旅遊領域，將大灣區場景拆解為貼地實用的視頻內容。李澄幸則立足財經領域，對兩地生活財務規劃有深入的認識。兩人合力撰寫此書，讓北上定居內容既有生活質感又具專業深度。

兩位作者多年來遊走大灣區的不同城市，親身體驗兩地的差異。書中指出很多香港和內地的不同做法，亦提醒港人要留意的地方。例如在深圳租賃物業時，書中提到內地物業多以「拎包入住」形式出租、一般由租客承擔管理費，與香港出租的習慣不同；討論網絡購物時，説明七天無理由退貨的保護消費者措施；介紹電子支付工具時，除講解 AlipayHK、WeChat Pay HK 的適用場景，亦提醒用戶綁定銀行卡的注意事項。

港人關注的財務問題，書中亦有清晰梳理。諸如「廣東計劃」、「長者醫療券」等福利的申請，以及港澳居民在內地參加社會保險的不同途徑。特別是「生病了如何看醫生」一文，記錄公立醫院對港澳居民的就診流程，詳細說明預約掛號、醫保使用等，避免讀者因流程不熟而影響就醫。

作為香港律師、粵港澳大灣區律師和中國委託公証人，長期處理港人經常遇到的跨境法律問題，包括內地遺產繼承、跨境商務、跨境婚姻等，我深知兩地法律體系差異可能為港人帶來的挑戰。本書以實務經驗為基礎，將知識轉化為貼近生活的指引，幫助讀者處理生活問題，規避潛在風險。

隨着大灣區融合進程加速，此書的出版恰逢其時。相信它將成為港人北上生活的重要參考，幫助讀者快速適應新環境，在灣區開啟穩健、有序的新生活。

黃世傑

香港律師、粵港澳大灣區律師、何敦律師行合夥人

作者序一

大學畢業後，我曾有一份工作需要經常北上公幹，開始讓我對內地有初步的認識。及後至 2017 年，我開始將我所了解的內地吃喝玩樂資訊，拍攝影片放到 YouTube 上分享給港人；亦承蒙各位支持，相關影片均有不錯的播放量，YouTube 頻道的訂閱數節節上升，我更獲不少傳媒採訪，分析當時的一股北上消費小熱潮。到 2020 年初，新冠疫情爆發，前往內地需要隔離 14 天，以致港人無法北上吃喝玩樂，我亦只好改為拍攝題材與香港相關的影片。唯至同年年末，香港疫情反覆，而因家中有兩位 90 多歲的老人家，經常在香港外出拍攝的我或有機會將病毒帶回家中；加上我亦擔心繼續拍攝香港題材，長此下去頻道的特色會蕩然無存！所以我毅然決定北上隔離，開始了我的深圳旅居生涯。

雖然我認為自己是一名北上消費的老手，但初到深圳，我卻發現在內地生活與單純的吃喝玩樂是兩種截然不同的體驗，一切都要從頭學起，甚至經常遇到不少困難。例如最開初面對的租屋問題，發現內地住宅原來有分小區、公寓及城中村，問過身邊不少內地朋友才知道雖然公寓租金比小區低廉，但也存在不少問題；而即使是同一個城市，不同區域亦有截然不同的生活質素，亦是需要仔細考量的地方。此外疫情封控期間，足不出戶可如何買餸、叫外賣如何吃得放心、生病如何看醫生、買藥等等，這些都是我需要學習的新事物。回想當初孑然一身來到深圳，獨自面對這些困難時真的感到十分徬徨無助，因此萌生了將自身經歷整理成攻略的想法。

及後疫情結束，港人北上毋須隔離，而因內地物價較香港低廉，部分消費體驗亦較香港好，因而掀起一股港人北上熱潮，我亦憑着這股浪潮與各位的支持，踏上我人生的一個新階段。2025 年年初，我很榮幸獲香港特別行政區律政司委任為大灣區專責小組的成員，擔任政府與市民之間的橋樑角色，向政府反映港人在內地遇到的各種困難與問題。而隨着責任越來越大，我又再次將北上生活指南的構思放到日程上，唯因工作與日俱增，加上我毫無撰寫工具書的經驗，擔心未能在香港書展前完成全書，所以遲遲未能動筆。幸得曾於多年前在內地生活過，並撰寫過多本港人移居海外指南書籍的老友 Ray 兄李澄幸先生提出一起合著此書，才令此書得以順利面世。在撰寫此書的過程之中，Ray 兄除了撰寫多篇於我經驗較少的文章外，更一直擔當着總策劃及指揮的角色，以他過往撰寫工具書的經驗，疏理此書的脈絡。雖則如此，他卻將我的名字放在前面，我深感受之有愧，卻之不恭，唯有再三鳴謝！

近年隨着港人北上消費的熱潮日益熾熱，社會上亦開始泛起一股港人到內地生活的風氣。無可否認的是，以生活成本的角度來分析，移居內地對港人來説的確是十分誘人；但根據我多年

在內地居住的經驗，北上生活其實是有利有弊。特別是內地與香港存在不少文化差異，部分差異之大，我甚至至今仍未完全適應，最簡單的例子就是內地吸煙文化盛行，不少人會在公共場所吸煙，以致非煙民的我在內地生活時，經常會吸入不少二手煙。此外，飲食、醫療、風俗、出行等各方面也與香港存在較大差異，這些不同之處也是網上甚少人有提及的。所以此書有不少內容均涉獵這些差異，希望大家可以在決定移居內地之前，做好心理準備，真的做到「宜居北上」。而雖然此書以北上生活為主題，但其實當中有超過一半的內容，即使只是經常北上吃喝玩樂的人士也適用。如你暫無移居的計劃，卻不時在內地遊走，亦可把此書當作你的北上指南錦囊。

西 DorSi
香港特別行政區律政司大灣區專責小組成員
香港 YouTuber

作者序二

2014 年，我第一次嘗試創業，有幸獲得數百萬的「天使投資」，並選擇在廣州招聘 IT 團隊，因此自己在廣州也生活了一段時間，及後也定期往返兩地，至疫情才中斷。當時，很多香港朋友都意識到在內地生活的「價廉」，但未必體會到其「物美」。畢竟，10 年前的交通不及現時方便，醫療服務或食品安全仍然是不少人關心的課題，儘管移家北上的趨勢已有苗頭。轉眼 10 年，內地發展迅速，疫情後北上消費更成風潮，移家北上相信將緊隨其後，漸成一個明確的趨勢。事實上，移家北上對於不同年齡層的香港朋友也可能有其意義，比如年輕人希望創業，內地的機會也許比香港更多；年長人士希望有更好的退休生活，而內地環境更寬闊，生活成本也更便宜，同一份退休儲備隨時可以「好使一倍」。

我和西 DorSi 認識了超過 10 年，見證他的 YouTube 頻道從零開始，一步一步成為香港知名的 YouTuber，他製作認真並真正從消費者角度分享，成功絕非僥倖。期間，我們也偶有合作，除了多次一起參與義務工作外，在我擔任香港財務策劃師學會主席期間，發佈「香港退休開支指數」前後，多次私底下請教過他關於香港退休人士在內地消費的情況，退任後也曾邀請他一同在香港會展舉辦的「財務策劃會議 2024」分享大灣區的生活及退休資訊。所以，今次很高興可以和西 DorSi 合作出版《宜居北上——港人內地生活指南》，在這個大趨勢下留下一點點文字和腳印。除了可以分享某些自己曾經在內地生活和工作的體驗外，也可以發揮我的專業，就相關的理財資訊提供一些資料上的說明和補充。

在此，希望表達對萬里機構的感謝，合作出版了本書。同時，也感謝我過去 6 本理財書籍的讀者，以及 YouTube 頻道「李澄幸 _ 理財關你事」的觀眾，你們的支持是我做理財教育的動力。另外，必須感謝這本書的「幕後功臣」—— 我的太太，沒有她的支持和照顧兩個「寶貝女」的辛勞，我沒有可能抽出星期六日的時間去寫作。最後，當然要感謝正在閱讀這本書的朋友們，希望這本書只是開端，未來在更多的場合或渠道，和大家再交流！

李澄幸（Ray Lee）
認可財務策劃師
暢銷理財書籍作者

目錄

第三章　購物與出行篇

第四章　生活及文化篇

第五章　公共政策篇

附錄

Chapter 1

支付篇

三軍未動，糧草如何先行

正所謂「三軍未動，糧草先行」，相信不少人在計劃移居到另一個地方之前，首先要解決的事情是如何開設當地的銀行戶口，並將資金跨境匯款到當地。

不過由於內地金融管制較為嚴格，港人不但在開設內地戶口可能會面臨重重困難，匯款到內地後，亦容易出現「有得睇，無得洗」的尷尬局面。加上近年內地與香港民間交流日益密切，港人常用的電子支付工具亦紛紛推出內地跨境支付功能，因此筆者們認為即使選擇不開設內地銀行戶口，亦可以順利在內地生活。不過本文先假設讀者仍然選擇開設，就在此説説開戶及匯款的流程及注意事項。

哪些情況下必須擁有內地銀行戶口？

在內地生活時，我們仍然會遇到以下一些只能使用內地銀行戶口來支付或收款的情況，這也是港人開設內地銀行戶口的最大誘因：

- 內地工作薪酬收入；
- 繳交醫保費用；
- 買樓；

- 轉賬至沒有親屬關係人士的個人銀行戶口；
- 領取購買家電及數碼等產品的「國家補貼」等。

如何開設內地銀行戶口？

相信不少人開設銀行戶口，會傾向選擇較大型的銀行。內地的「四大國有商業銀行」分別是：

- 中國工商銀行
- 中國銀行
- 中國建設銀行
- 中國農業銀行

而經過筆者們多番實測，**中國銀行**是最適合香港人開設內地戶口的銀行，原因有以下兩點：

- 現時的開戶要求是四家銀行之中最為簡單；
- 倘若你有中國銀行（香港）的銀行賬戶，你可以使用「中銀快匯 / 薪金直匯」功能，以較快、較安全且匯率較優惠的方法直接從香港戶口匯款至同名的內地戶口。

最簡單的開戶要求為：

- 回鄉證正本
- 已實名認證的內地電話號碼

其中實名認證的內地電話號碼並不一定需要在內地開通，你亦可以使用部分香港電訊商「一卡兩號」計劃內所包含的內地電話號碼。只要該電話號碼能登入對應內地電訊商的網上系統，並能在系統內查詢到實名認證資料即可使用。而即使未能登入該系統，根據筆者們朋友的經驗，你亦可向香港電訊商要求提供紙質版本的實名認證資料證明文件。

值得留意的是銀行的開戶要求五花八門，甚至經常變化，不但不同銀行的要求有所不同，即使是同一家銀行的不同分行，要求也可能截然不同；甚至是同一分行，在不同日子前往查詢，也有可能得到完全不同的答案。例如筆者們亦試過在一家分行以最簡單的方法成功開戶，及後推介身邊朋友到該分行開戶，卻被要求存放一定金額的定期存款，或在內地有繳交社保的紀錄。

我隨即建議朋友到附近另一家分行查詢，朋友就順利以最簡單的方法成功開戶。所以前往開戶時如發現不能符合要求，也可嘗試前往其他分行查詢。

開戶手續是在一部特製的機器上進行，如毋須輪候的話只需約 10 分鐘即可完成，期間銀行職員亦會從旁協助，在此就不作詳述。另外成功開立後，你亦可要求職員協助，將銀行卡綁定至雲閃付、支付寶或微信支付之中，方便日後使用。

內地銀行賬戶分為「I 類」、「II 類」及「III 類」，各類分別主要在功能及金額限制上：

賬戶類型	I 類	II 類	III 類
限制	全功能賬戶（存取現金、轉賬、理財、社保繳費等）無金額限制	限額功能賬戶（單日累計交易≤¥1 萬，年累計≤¥20 萬）綁定賬戶互轉不限額	小額便捷賬戶（餘額≤¥1000，單日交易≤¥2000，年累計≤¥5 萬）無實體卡

正常情況下，在內地銀行分行開立的賬戶為「I 類」，理論上沒有任何金額限制。不過為打擊詐騙，實際上現時新開立的銀行賬戶均有提款限制，通常每日上限為¥5,000。如需提取超過額度的款項，須要攜同開戶證件親臨分行，並提出合理理由。若銀行認為理由不夠充分，可以拒絕。雖然每日上限理論上可以申請提升，但以筆者經驗銀行通常會以各種理由拒絕，所以筆者才會說存放在內地資金經常會「有得睇，無得洗」。

現時香港有部分銀行提供「見證開戶服務」，讓客戶毋須跨境，即可在香港分行內完成整個開立內地銀行賬戶的手續。不過以此方法開立不但要花費較長時間，亦只能開立「II 類」賬戶，將來限制會較大。

此外，將來部分申請手續，例如更改個人資料或取消銀行戶口，可能需要在開立賬戶的城市辦理。因此筆者們建議各位盡量選擇居住地或經常到訪的城市開戶。

內地由於電子支付發達，市面上的自動櫃員機數目十分稀少，亦不像香港一樣會在地鐵站內設有。而在正常情況下，內地四大銀行之間的跨行甚至是跨市提款也毋須手續費，不過櫃員機仍然會提示可能會徵收。另外請注意，在非四大銀行的櫃員機提款，亦有機會被徵收手續費。

如何匯款到內地？

成功開立內地賬戶後，相信有不少人會急不及待想「餵飽」戶口。而要由香港將資金搬到內地，其中一個方式是「螞蟻搬家」，以人力方式帶返內地。請注意出入境內地每人每次最多可攜帶 ￥20,000 及等值 US$5,000 以下的外幣現金（即折合共約 ￥55,000），超出需申報；未申報超額攜帶者，可能會被海關扣留或處罰。

由於「螞蟻搬家」限制較大且較廢時失事，如需急於將款項匯款到內地，可以使用以下 5 種方法。

銀行匯款

此方法適合**較大額的匯款**，比如置業用途的首期，惟可能需要向銀行註明款項的用途。另外，香港及內地銀行均可能會收取手續費，而且香港銀行會使用離岸人民幣匯率，較不划算；此外匯款時間也會比較長，通常是第二個工作日才到賬。

AlipayHK / WeChat Pay HK

兩款港人常用的 AlipayHK 及 WeChat Pay HK 均有推出匯款服務，優點是**速度十分快**，通常幾分鐘內就到賬，也是採用貼近在岸人民幣匯率，較為優惠；不過缺點是**有匯款金額上限**，以及要匯一定金額才能免手續費，此外有機會只限本人及直系親屬才能收款。

中國銀行（香港）「中銀快匯 / 薪金直匯」

倘若你同時是內地與香港中國銀行的客戶，你就可以使用中銀香港 App 內的「中銀快匯 / 薪金直匯」服務，免手續費將款項匯入內地的同名賬戶。此方法只限本人收款及也有金額上限，但限制較寬鬆，每人每日為 ¥80,000；不過匯款速度稍為慢一點，工作日內通常需要數個小時，而非工作日更要待下一個工作日才能收款。另外匯款後的貨幣為港元，需要在內地銀行自行以在岸人民幣匯率兌換為人民幣，而每日可兌換的金額亦有所限制。

跨境支付通

2025 年 6 月開始，港人可以使用「跨境支付通」，連接「轉數快」和內地網上支付跨行清算系統所支持的內地「6 大行」（上文提到的「4 大行」及交通銀行、招商銀行），毋須手續費，按照實時匯率，在一定限額內實時將香港金錢轉至內地，也可將內地金錢轉至香港。但由於本書截稿時，「跨境支付通」在實際操作上仍未成熟，暫不詳細介紹。

櫃員機提款

香港銀行發行的附有「銀聯」標誌的提款卡均可在內地任何「銀聯」自動櫃員機提款，惟香港銀行及內地銀行均可能會徵收手續費。此外須先在香港銀行啟動境外提款服務，較為麻煩。

此外，香港部分找換店聲稱可以提供超優惠匯率匯款到內地的服務。不過由於這類服務缺乏監管，以往亦曾多次發生找換店匯入的款項來源有問題，而令客戶內地銀行賬戶被凍結，甚至無故承受牢獄之災。因此筆者們**強烈建議各位只可使用上述各種受監管的方法來匯款**。

小貼士

港人稱之為「分行」的銀行營業廳，內地稱之為「支行」；而「分行」在內地則指省級的銀行分公司。內地少部分「支行」在星期六日及假期仍然會辦公，並提供有限度服務，各「支行」的具體營業時間可在銀行 App 內查詢。

香港版本的 Android 系統手提電話在正常情況下不能透過應用程式商店安裝內地銀行 App；而用銀行提供的 apk 安裝，可能會面臨安全風險。你亦可使用任何地區版本的 iPhone 或華為電話，或另行購買內地版本的 Android 電話來直接透過應用程式商店來安裝，以降低安全風險。

香港人如何在內地使用電子支付？

上文有提及到內地由於電子支付十分發達，市面上的自動櫃員機數量遠較香港為少，可見內地已甚少市民會在日常生活中使用現金。2023 年剛剛「通關」時，香港網絡上甚至流傳一個講法，內地商戶只接受電子支付，不再收取現金。不過根據《中華人民共和國人民幣管理條例》第三條，人民幣是法定貨幣，任何單位和個人不得拒收現金（包括紙幣和硬幣），內地亦經常就有關法例進行宣傳及教育，因此筆者們近年在內地生活，未再遇過任何一家不願收取現金的商戶。

而就筆者們的觀察，內地不少對使用智能電話不太熟悉的年長人士，日常生活中仍然傾向使用現金來支付，所以在人口老化程度較高的地區，使用現金支付會較為順暢。不過筆者們亦曾在一些大城市的商場實測現金的流行程度，發現由於商場內的商戶較少機會接觸現金，有機會會出現零錢不足無法找續的尷尬情況，最終需等待店員前往銀行換零錢，浪費不少時間。因此筆者們建議在內地遊走，最好還是使用電子支付工具會更為便捷。不過要向各位介紹港人在內地可以使用的電子支付工具，以及各工具對應可使用的情況，絕非一篇文章即可講清；加上近年這些電子支付工具發展日新月異，功能不斷推陳出新，筆者們亦難向各位一一論述。因此本文只能向各位簡述各工具的使用方法，以及大概能使

支付篇

用的場境，如欲深入了解各工具的詳細用法，可關注西 DorSi 以往發布的網上影片。

內地常見電子支付工具

「微信或是支付寶？」相信是不少人在內地最常聽到的一句說話。雖然現時內地的電子支付工具可以說是百花齊放，但市場佔有率最高的還是騰訊旗下的「**微信支付**」，以及螞蟻集團旗下的「**支付寶**」，較多人使用的還有銀聯旗下的「**雲閃付**」。三家形成三足鼎立之勢，並分別以紅（雲閃付）、藍（支付寶）及綠（微信支付）作代表色調。除此之外，銀聯亦有各種銀行卡可直接使用，留待下文跨境支付工具部分再作介紹；另外內地尚有較少人使用和限制較多的支付工具如翼支付、美團支付、京東支付等，這裏不作展開詳述。

要在內地使用紅藍綠 3 種支付工具，最簡單的方法是開立一個內地銀行戶口，並將銀行卡綁定至對應的 App 中。其中雲閃付需要使用內地電話號碼註冊賬號，綁定後即可直接支付，毋須再用回鄉證作實名認證（雲閃付亦可使用香港電話號碼註冊，但只可綁定香港銀行卡，下文將再作介紹）；微信支付則可使用香港電話號碼註冊賬號，不過要先進行實名認證才可使用。而支付寶即使沒有內地銀行戶口及電話號碼，你亦可以香港電話號碼註冊並實名認證，再以上一篇文章介紹的 AlipayHK 匯款方法，將款項匯入至支付寶賬戶來使用。這亦是其中一種在內地生活而不開立內地銀行戶口的方法。

跨境支付工具

近年越多越多港人經常使用的電子支付工具，紛紛推出可在內地使用的功能；部分更可將內地消費賬單直接以港幣結算，使用者毋須先行兌換人民幣，較為方便。

例如螞蟻及騰訊推出面向港人的電子支付工具 AlipayHK 及 WeChat Pay HK，兩者現時皆可在內地直接使用。其中 AlipayHK 與支付寶為兩個獨立的 App；而 WeChat Pay HK 與微信支付則為同一個 App「微信」內的不同錢包，如你同時擁有兩個錢包，使用前須切換到指定錢包。兩者前期準備功夫大同小異，例如均需使用香港電話號碼註冊，並且可以選擇在香港便利店或超級市場等指定商戶增值餘額，再以回鄉證進行身份認證即可在內地使用。你亦可直接綁定香港銀行賬戶，抑或 Visa / MasterCard 國際信用卡，然後毋須進行身份認證即可在內地使用。無論你是使用餘額或銀行卡在內地支付，AlipayHK 或 WeChat Pay HK 皆會直接按當日的優惠匯率以港幣結算，毋須預先兌換成人民幣。

銀聯方面，香港各大銀行及金融機構發行的銀聯銀行卡，皆可在內地使用，其中包括：

1. 銀聯提款卡

香港大部分銀行發行的提款卡均為銀聯提款卡，可在內地接納銀聯卡的商戶「碌卡」，輸入提款密碼即可成功支付，並直接以港幣結算。唯以此方法支付，大部分銀行均**需收取手續費**，因此筆者建議只在緊急情況下使用。

2. 銀聯信用卡

香港部分銀行及金融機構有發行銀聯信用卡，當中較多為「**雙幣卡**」，即港幣簽賬需用港幣找數，而人民幣簽賬則需用人民幣找數。由於內地的信用卡大多設有支付密碼，所以直接使用香港發行的銀聯信用卡時，店員亦會要求你在刷卡機上輸入密碼。如你的信用卡並無支付密碼，可以直接按刷卡機上的「輸入」鍵即可跳過。

3. 銀聯虛擬信用卡

銀聯亦有與香港不少電子支付工具合作，推出虛擬銀聯卡，包括但不限於：PayMe、八達通、Tap & Go 等。虛擬信用卡申請要求遠較實體信用卡簡單，通常只需香港身份證即可申請，且立即批核；但申請成功後**需要增值才能使用**，不能「先使未來錢」，亦需透過電子支付工具內的銀聯二維碼，或綁定至雲閃付內使用。此外虛擬信用卡為**單幣卡**，人民幣簽賬會自動按當日的銀聯匯率以港幣結算。

雖然香港的銀聯銀行卡大多可以直接在內地商戶「碌卡」，但筆者會更建議大家先綁定在「雲閃付」App 內再作支付，免卻丟失的風險。而要綁定香港的銀聯銀行卡，只能使用香港電話號碼來註冊雲閃付賬號；因此對於擁有內地銀行戶口的人士，你並不能在一個雲閃付賬號內同時綁定香港及內地的銀行戶口。

而由於銀聯的優惠匯率貼近在岸人民幣匯率，亦勝過 AlipayHK 及 WeChat Pay HK 的匯率，是各種跨境支付工具之中最優惠的，因此筆者在內地消費且希望以港幣支付時，往往會優先使用銀聯卡或雲閃付支付。不過請注意，銀聯可使用情境較另外兩者少，下文將再作詳細介紹。此外雙幣信用卡在內地使用會以人民幣結算，亦需以人民幣找卡數，因而未能享用銀聯的優惠匯率，故此雙幣卡會較適合在香港持有大量人民幣款項或經常有人民幣收入的人士。另外現時並非所有香港發行的銀聯提款卡均可綁定在雲閃付內，而且支付時香港銀行亦可能會收取手續費，詳情可向發卡銀行或登入銀聯國際網站查詢。

如何使用各電子支付工具

本文將集中討論 AlipayHK、WeChat Pay HK 及雲閃付的支付情境，原因如下：

（一）三者均為手機 App，較容易統一說明；

（二）內地版本的支付寶及微信支付幾乎可在內地所有支付情境中使用；

（三）能使用銀行卡的商戶，幾乎都能使用雲閃付支付，且銀行卡綁定雲閃付後，能使用的情境較直接使用銀行卡為多；

(四) 無論是綁定內地或香港銀行卡，雲閃付能使用的支付情境幾乎完全一樣。

各電子支付工具的支付方法主要可細分為以下五種情境：

1. 出示付款碼

最簡單的支付方法，打開 App 內的「付款碼」給店員用機器掃瞄，即可成功支付。

支付工具	AlipayHK	WeChat Pay HK	雲閃付
支援商戶數	極高	極高	中

- 基本上能接受支付寶付款的商戶，均能使用 AlipayHK 支付，微信支付與 WeChat Pay HK 也是同一道理。不過內地亦有極少數商戶不接受以支付寶或微信支付其中一樣支付工具，導致 AlipayHK 及 WeChat Pay HK 仍未能在出示付款碼這個情境中做到 100% 完全支援所有商戶。其中一個例子是阿里巴巴旗下的超級市場「盒馬鮮生」，該商戶並不能接受微信支付或 WeChat Pay HK 付款；
- AlipayHK 可在沒有任何網絡的情況下，使用此方法來支付；
- 能以此方法使用雲閃付支付的，較多為大型商戶及大型連鎖店。

2. 掃瞄商家收款碼

小店及**地攤**較多使用此方法收款。打開 App 後點擊「掃描」功能，將手提電話鏡頭對準收款碼，並於支付 App 內輸入支付銀碼及選擇支付的銀行卡或餘額，即可成功支付。

常見的收款碼分為組合碼、支付寶收款碼及微信支付收款碼。其中後兩者背景色通常為對應的藍或綠色，並會有比較顯眼的支付寶或微信支付 Logo。

組合碼則是由銀行或金融機構提供，上面往往會有雲閃付、支付寶、微信支付，甚至是其他內地支付工具的 Logo。在正常情況下，無論是雲閃付、AlipayHK 或 WeChat Pay HK，均可掃描組合碼支付。但西 DorSi 亦試過部分收款碼因安全問題，需要連接內地網絡才能使用，如你正在使用香港網絡的漫遊數據，可考慮連接商戶提供的 WiFi 再作支付，但須承擔安全風險。

雲閃付亦可掃描支付寶或微信支付的收款碼來支付，而兩種收款碼又可各自再細分為「經營收款碼」及「個人收款碼」，但兩者外觀上幾乎沒有任何分別。理論上內地商戶必須使用前者來收款，不過亦有不少地攤、的士及偏遠地方的小商戶會使後者收款。

支付工具	AlipayHK	WeChat Pay HK	雲閃付^
組合碼	✓	✓	✓
支付寶經營收款碼	✓	x	✓*
支付寶個人收款碼	✓	x	✓*
微信支付經營收款碼	x	✓*	✓*
微信支付個人收款碼	x	x	✓*

* 不可使用信用卡支付，但仍可使用提款卡（WeChat Pay HK 及雲閃付）或餘額（WeChat Pay HK）支付。

^ 每日每次交易限額為 ¥500。

3. 第三方 App 支付

在一些第三方 App 例如 12306、網購、團購、外賣平台消費時，在支付頁面通常都能選擇以支付寶、微信支付或雲閃付支付。由於微信支付與 WeChat Pay HK 為同一 App，在微信內選擇香港錢包後，再在支付頁面選擇微信支付，即可使用 WeChat Pay HK 付款，亦令 WeChat Pay HK 在第三方 App 支付方面體驗較強。相反由於 AlipayHK 為獨立 App，體驗稍弱，不過 AlipayHK 近年亦積極與各大第三方 App 合作，讓使用者可以直接在支付頁面選擇 AlipayHK 來支付，例如美團；此外亦有部分第三方 App 以 AlipayHK 的小程式形式來方便港人付款，例如滴滴及高德打車。

支付工具	AlipayHK	WeChat Pay HK	雲閃付
支援 App 數	低	極高	高

4. 小程式支付

「小程式」為第三方在支付工具內開發，類似 WebApp 的應用程式。最常見的小程式為餐飲店下單系統，通常使用支付工具的「掃描」功能即可打開，而在小程式內的任何消費，亦可直接以用來打開的支付工具來支付。例如以 AlipayHK 打開 KFC 的下單小程式，即可直接使用 AlipayHK 付款。

現時微信內置的小程式，均可使用 WeChat Pay HK 支付；而支付寶內置的小程式，亦可使用 AlipayHK 打開並付款。不過由於研發微信的騰訊，總部位於深圳，導致大灣區內有部分餐飲店只提供微信的小程式下單系統（其他省份餐飲店通常支付寶及微信均有提供）。此外，較少商家會研發雲閃付的下單小程式，亦令雲閃付的小程式支付支援數較低。儘管如此，只要商家能接受支付寶或雲閃付付款，你仍可要求店員幫忙下單，再使用 AlipayHK 或雲閃付支付。

此外，使用內地版微信支付付款時，在支付頁面處可以揀選跳轉至雲閃付付款。因此假如你擁有內地銀行戶口及內地版微信支付，你亦可以先以微信開啟小程式，並以雲閃付來付款。

支付工具	AlipayHK	WeChat Pay HK	雲閃付
支援小程式數	中 - 極高 *	極高	低 - 極高 ^

* 視乎區域而定

^ 透過內地版微信支付跳轉

5. 乘車碼

乘車碼為內地城市用來乘搭巴士及地鐵等公共交通工具的支付方法，詳細使用方法留待後文再作介紹。

內地地攤都可以「碌卡」？

不少港人喜歡「先使未來錢」，申請各種信用卡作日常消費之用，因此香港不少商戶均可以接納以信用卡支付。不過內地由於電子支付工具發達，甚少商戶可以直接使用信用卡支付，以致不少港人有一個錯覺，以為內地很難用到香港信用卡。

但正正因為內地電子支付工具覆蓋率極高，而無論是雲閃付、支付寶、微信支付、AlipayHK 及 WeChat Pay HK，現時亦可以綁定由香港發行的國際信用卡（具體可綁定的信用卡視乎該支付工具政策而定，例如雲閃付只可綁定銀聯信用卡），所以其實我們在內地幾乎所有商戶消費時，均可以借助這些支付工具來實現「碌卡」。

雖然內地版本的支付寶及微信支付可以綁定部分香港發行的國際信用卡（包括 Visa、Mastercard 及銀聯卡），並且在內地小額支付時（本書截稿時為 ￥200）毋須支付手續費，唯此方法生成的賬單將按卡組織的匯率計算。而由於 Visa 及 Mastercard 的人民幣匯率較差，因筆者不建議使用此方法綁定這兩類銀行卡。**如欲在內地使用 Visa 或 Mastercard 國際信用卡，請直接綁定在 AlipayHK 或 WeChat Pay HK 內使用**，不但毋須支付任何手續費，匯率亦較卡組織的為佳。另外由於 AlipayHK 亦可掃描「個人收款碼」支付，而不少地攤攤主通常會用「個人收款碼」收款，即代表我們在內地可以在光顧地攤時，透過 AlipayHK 來「碌香港信用卡」。

相反，支付寶及微信支付綁定銀聯雙幣信用卡後，在內地消費時是直接以人民幣結算，與直接使用銀聯雙幣信用卡並無任何分別。加上雲閃付的支付情境較支付寶及微信支付少，這樣做可以豐富銀聯卡的使用情境，筆者較為推薦。

沒有內地戶口亦可在內地生活？

倘若你的主要資金或收入仍在香港，又不想經常兑換人民幣的話，其實在內地生活時，直接使用跨境支付工具消費，會較匯款至內地戶口再作支付更為方便。而且現時跨境支付工具的匯率均十分優惠，與上一篇文章介紹各種匯款方法的匯率相差無幾，銀聯匯率甚至經常優於匯款匯率。雖然現時沒有一個完美的跨境支付工具可以涵蓋內地生活面對的所有消費情境，但結合 2 至 3 個跨境支付工具一同使用，基本上能覆蓋 99.9% 的情境。因此除非你面對上一篇文章講述的特殊支付情境，其實筆者認為沒有內地戶口亦可在內地生活。不過請留意，**不同跨境支付工具可能會有不同的支付限額**，但大多足夠大部分人日常生活使用。

小貼士

除了上述介紹的電子支付工具外，近年內地亦大力推廣法定數碼貨幣「數字人民幣」。唯由於數字人民幣尚在起步階段，支援的商戶數量仍然偏少，在此不作詳述。

要開通新電話卡嗎？

基於保安的關係，所有支付 App 都需要登記手機號碼，加上現在的生活數碼化程度高，大家出行都是「機不離手」，而且內地早已進入了「一部電話行天下」的時代，可以不帶銀包，但不可以手機沒電。

此外，內地的網路環境和通訊服務與香港存在較大差異，大家在內地會遇到無法使用或登入港人常用的 App 及網絡，例如 WhatsApp、YouTube 等問題。所以如何申請內地流動數據就成了我們在內地工作、旅遊、生活最首要的問題之一。

如何在內地使用到 WhatsApp、YouTube？

由於內地的網絡監管政策，部分境外網站（如 Google、Facebook、YouTube、WhatsApp 等）受到限制，無法直接使用。現時網絡上流傳多種繞過限制的方法，但這些方法一來可能涉及違規，二來往往不夠穩定，經常會斷線，所以筆者們還是建議大家不要使用。

那麼如何可以合法及流暢地在內地登入境外網站呢？其實方法很簡單，就是使用香港漫遊數據。由於香港的網絡不受內地限制，使用香港 SIM 卡的漫遊數據，即可直接合法地使用 WhatsApp、YouTube 等網站。目前主要有三種方式：

方式一：購買香港漫遊數據卡（適合短期使用、偶爾往返內地的人群）

在香港各大電訊商、超市、便利店或深水埗鴨寮街購買。過關後換卡，手提電話需有額外的 SIM 卡槽，然後將手機網絡切換至新 sim 卡，並須啟用漫遊數據。這個方式價格較低，適合短期使用；但缺點是需手動換卡，長期使用較麻煩，而且需要具備一定的手提電話使用知識。筆者們亦經常遇到一些老友記在使用此方法時，誤用舊卡的漫遊數據，以致回到香港後收到電訊商的震撼賬單。

方式二：申請短期漫遊通行證（適合中短期使用）

香港各電訊商都有相應的漫遊通行證。幾天到幾十天的都有，價格則在 $100-400 左右。優點是申請簡單，透過發送特定短訊，或者登入電訊商的 App 即可申請，亦毋須加卡換卡；但缺點在於流量有限而且價格較貴，通常會有類似每日 500MB 的上限，用量較大的人士可能不夠用。

方式三：辦理一卡兩地數據套餐（適合頻繁往返或長期在內地的人群）

隨着近年內地與香港的交流越來越頻繁，各大電訊商亦

紛紛推出價格相宜的一卡兩地數據計劃，除包括香港數據外，亦包含內地數據。舉例香港某電訊商的數據計劃，每月 50GB 數據，平均每日近 2GB，足夠大部分人日常使用，費用僅為 $179/ 月。

如何開通內地電話卡？

除了上網需求，我們在內地生活也有一些情況會需要內地電話號碼（如開立銀行戶口、註冊內地 App 賬戶等）。以下是兩種主要方式：

方式一：香港電訊商的「內地電話號碼」服務（俗稱一卡兩號）

毋須額外電話卡槽，**一張電話卡就包含一個香港號碼和一個內地號碼**，視乎不同電訊商價格為 $10-20/ 月，部分電訊商還會提供免費或低價的漫遊接聽服務。

但申請時請留意部分電訊商所提供的內地電話號碼為「虛擬號」。使用虛擬號來申請某些內地服務（如銀行開戶）可能會需要你提供另外的實名認證文件；部分內地 App 亦無法直接用這個號碼註冊，需要聯繫線上客服人手處理，較為麻煩。

此外所有香港電訊商均不能讓顧客自行選擇合心意的電話號碼，只能隨機編配。而由於內地手提電話號碼長度達 11 位數，無法自選號碼將較難背誦。更重要的問題是該號碼無法「轉台」，如你的香港電話號碼需轉換另一家電訊商，你就需要重新向轉台後的電訊商申請一個新的內地電話號碼。而倘若舊的內地電話號碼已綁定不少內地賬號，你就有機會失去這些賬號的擁有權。不過這個方法的最大優勢是一張電話卡就可以同時擁有兩個電話號碼，方便日常管理。

方式二：直接在內地電訊商辦理

內地運營商包括中國移動、中國聯通、中國電信及中國廣電。各家的新用戶套餐都不盡相同，大家可以根據自己對通話時數、數據流量限額自由選擇，而且**價格往往較香港電訊商便宜**，但在正常情況下無法登入前文提及的部分境外網站。如果你僅僅是需要一個在內地開通的內地號碼，可以在之後轉為俗稱「保號套餐」的超廉價套餐，內含極少量通話時數和數據流量。視乎不同電訊商每個月費用也僅需 ¥5-8/ 月，而新用戶具體可轉換該套餐的時間，可在辦理時向職員查詢。

另外不僅僅是不同電訊商之間套餐不同，即便是同一家電訊商的不同門店，套餐也可能存在差異。因為內地除了電訊商的直營門店之外，還有不少代理商家，這些商家所賣的套餐內容和費用都有可能不同。

小貼士

內地號碼歸屬地管理嚴格，各城市之間的資料並不互通，如果電話卡丟失，需要你到原辦理城市補辦。所以建議大家盡量在自己經常到訪的城市開通電話號碼，方便日後的管理。

開通了電話卡後如需繳費，除了前往門店外，亦可以通過各大支付工具增值，甚至可由親友代為增值。內地號碼如果欠費超過兩個月就會被凍結，超過 5 個月就可能會被註銷，無法恢復。如果你以該內地電話號碼綁定內地銀行賬戶，務必留意這個號碼不可以被取消 / 凍結 / 註銷，否則會導致銀行賬戶無法操作，到時候會更加麻煩。

最後，還是要提醒一下大家，電訊套餐時有變動，筆者們只是將方法和操作思路告訴大家，並沒對價錢和套餐內容有細緻的介紹。如果有需要辦理以上業務，當中細節內容還是建議大家在辦理之前直接諮詢電訊商或查看官網更新內容。

Chapter 2

居住及飲食篇

大灣區九市的生活成本

大灣區包括香港、澳門兩個特別行政區，和廣東省廣州、深圳、珠海、佛山、惠州、東莞、中山、江門、肇慶九市，總面積約 5.6 萬平方公里。內地九市各有特色，彼此鄰近但發展和風格卻很不同。香港是高度集中的城市，十八區之間的物價有差別，但並不顯著，想「慳」也不容易。相反，如果將生活的基地放眼於整個大灣區，情況則很不同。

眾所周知，內地的生活成本平均比香港便宜 50％或以上，而內地九市之間又大致劃分出三個層次，我們先從客觀數據開始説起。

內地九市最低工資列表

城市	每月 最低工資標準	非全日制每小時最低 工資標準（¥／小時）
深圳	2520	23.7
廣州	2500	23.7
珠海	2080	19.8
佛山	2080	19.8

城市	每月 最低工資標準	非全日制每小時最低 工資標準（¥ / 小時）
東莞	2080	19.8
中山	2080	19.8
惠州	1850	18.3
江門	1850	18.3
肇慶	1850	18.3

參考網址：http://www.gd.gov.cn/zwgk/wjk/qbwj/yfh/content/post_4668031.html

最低工資旨在保障勞動者的基本生活，所以最低工資的水平，可以判斷出該城市最基本的生活水平。從最低工資可見，從高至低排列的話，大致上可分為三個群組，第一組是深圳和廣州；第二組是珠海、佛山、東莞和中山；第三組則是惠州、江門和肇慶。這個數據也符合筆者們的親身觀察，消費水平最高的非深圳和廣州莫屬，而惠州、江門和肇慶則明顯是較低的，故此也是越來越多港人考慮到惠州或肇慶養老的原因。

生活的基本預算

生活方式風儉由人，生活成本絕對是因人而異，但大體也是依據幾個方向：**住屋**（假設是租樓，即是租金）、**水電燃網**、**居家飲食**、**外出用膳**、**交通出行**，大家可以為自己做簡單的預算。以下的數字是綜合筆者們的經驗

和對身邊朋友的觀察供參考。

生活在深圳每月開支		
設定：年輕單身，對生活有點追求但不奢侈的上班族		
租金	就近南山區一帶每月	￥6,000～￥8,000
水電燃網	每月	￥500
居家飲食	超市及菜市場採購	￥1,500
外出用膳	工作日午市簡餐平均 ￥30～40，加上間中外出聚餐	￥3,000
交通出行	地鐵通勤為主，偶然打車	￥500
總計		**￥12,500**

生活在中山每月開支		
與深圳同樣設定		
租金	中山市中心租金較便宜	￥2,500～￥3,500
水電燃網	差別不大	￥500
居家飲食	菜市場物價便宜約 10%	￥1,300
外出用膳	中山餐飲的性價比更高	￥2,000
交通出行	中山公交的覆蓋較弱，以自駕為主，包括停車費	￥800
總計		**￥8,000**

小貼士

從某個層面上，內地的生活成本比較難直接和香港進行「蘋果對蘋果」的比較。第一，在日常飲食方面，以工作日簡餐為例，內地對比香港屬於「多菜少肉」，亦未有連餐飲或凍飲。第二，在超市採購方面，內地進口食品的比例肯定較少，舉例買一塊和牛回家自己煮，還及不上香港容易。第三，外出用餐的話，內地的中菜肯定不「輸蝕」，但日本菜和西餐的水平，香港仍然優勝。所以，回內地居住，除了能享受物價較便宜的好處，也要有適應和融入的心，及後的章節會就生活各方面展開更詳細的說明。

在大灣區選擇生活的城市，住哪裏好？

隨着粵港澳大灣區的發展融合，有不少內地朋友選擇移居香港，也有很多香港人考慮移居內地。香港「地少人多」，選擇住處就是在十八區內，儘管區區都有特色，但配套始終比較集中，包括醫院和商場等等。然而，內地則是地大物博，移家北上移去哪個城市好呢？又如何選擇居住地點呢？筆者們認為可以分別從宏觀及微觀着手。

宏觀來説，分別是往返香港的便捷程度、城市的發展及語言文化差異。第一，移居回內地居住，少不了要回香港，比如探親、社交、辦理業務、就醫等等，簡言之就是**交通距離的考量**。雖然近年內地鐵路網絡發展迅速，不少人均會選擇鐵路作為首選的跨市出行方式，但至今大灣區內其實仍有部分地域尚未有鐵路貫通，例如佛山西部的高明區、惠州北部的龍門縣等；即使已有鐵路貫通，部分區域來往香港的班次十分稀少，甚至完全沒有直達香港的班次，例如廣州北部的從化區、佛山南部的順德區等；此外部分區域特別是珠江口西岸的城市如珠海、中山，乘坐鐵路會較為繞路，選擇在這些區域居住可能就要選擇其他交通工具如直達巴士、船或自駕來往香港了。

大灣區內鐵路網絡地圖可參閱政制及內地事務局的《粵港澳大灣區》網站：https://www.bayarea.gov.hk/tc/connectivity/map.html

第二，**視乎自己工作或業務**，大灣區九市各有特色，如果希望創業，特別是科技相關，深圳便比較合適；如果已經退休，希望生活成本便宜一點，節奏也輕鬆一點，二三線城市比較合適，舉例説比較多香港人討論的中山。但二三線城市由於消費能力較低，會缺乏一些高檔次的消費體驗，例如星級酒店自助餐、高級的西餐扒房、先進設備的遊樂項目及戲院等，令這些城市的日常生活會相對較為平淡。

第三，即使是大灣區內，**並非九市內所有區域均流行講「廣東話」**，最具代表性的例子便是深圳及惠州。深圳由於是典型的移民城市，市內大多數人口均來自其他地方，所以主要流行語言是普通話。而惠州由於是客家地區，因此當地人日常語言多為客家話或普通話。如果你普通話比較一般，在這些城市生活可能就會經常面對雞同鴨講的問題了。而即使是廣東話，大灣區內不同區域也會有不同的口音。西 DorSi 曾到訪江門開平，發現當地人的廣東話口音過重以致難以溝通。除此之外，不同城市也會有不同的文化，特別是深圳的文化差異會較其他城市大。例如西 DorSi 在疫情期間居住在深圳時，就發現在深圳很難找到一杯像樣的港式奶茶，反而在廣州、佛山等地，幾乎每家茶餐廳的奶茶均有較高準，假如你是很喜歡喝港式奶茶的人，選擇在深圳生活可能就較難喝到令你滿意的奶茶了。

在決定到哪一個或兩個城市比較符合自己的目標之後，接下就是微觀分析了，大家可更具體地考慮以下的要素。

選擇居住地需考量的五大要素

一、交通便利：市內公共交通網絡和未來交通規劃，方便出行往往是首要考慮的因素。

二、商業配套：雖然內地網購外賣發達，但日常購物、餐飲、娛樂等商業設施的完善程度，也會很大的影響生活的便利度和品質。這裏的商業不僅僅是指大商場，也包含街市和市井小店，以及高檔次的消費體驗，各種商業愈豐富，選擇更多會更加理想。

三、醫療資源：優質醫療機構的分佈和易達性，尤其是對有長期覆診需求人士、中老年人和有孩子的家庭至關重要。

四、教育資源：優質的校網，包括幼兒園、中小學的教育質素，關係到子女的成長發展。而內地有「學區房」一說，即在名校區內的樓宇，亦令學區房的價格會比其他樓高出很多。雖然港人對內地學制興趣不大，但名校區通常亦會有較多高質素的國際學校。

五、悠閒環境：公園綠地、文化設施（如圖書館、博物館、藝術館）、運動場所等悠閒配套資源的豐富程度，也會影響生活質量和幸福感。

下面我們來通過幾個案例，來分析對比不同區域在這些方面的優劣。

深圳福民 VS 深圳紅山

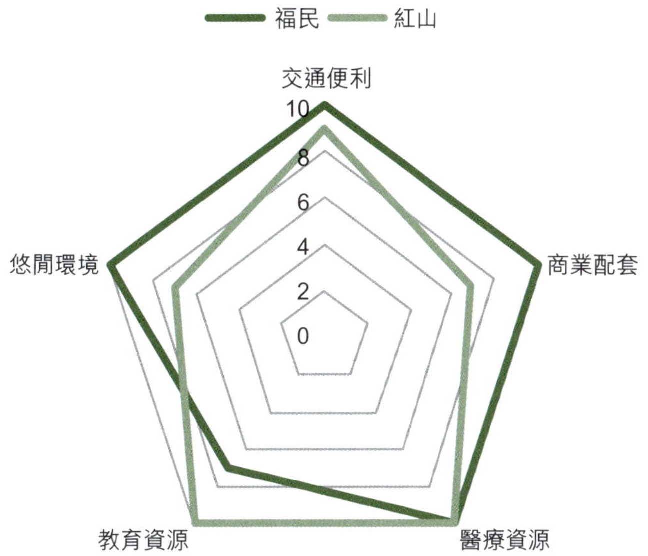

想到移居深圳，很多香港人處於慣性思維，首先會考慮靠近陸路口岸的福田、羅湖等關口區域；例如過往亦有不少香港人在福民站一帶置業居住生活，也已有很長的歷史。區域的優勢很清晰：步行或短途車程即可過關，往返香港極為便利；周邊香港人社區成熟，港式餐飲、商店較多，文化適應容易；此外一站地鐵即可到達福田市中心，有不少星級酒店及高檔次餐飲，商業配

套完善。然而，福民一帶屋苑樓價已處於高位，普遍為￥6-8 萬 / 平方米；社區和住宅樓齡較老，設施陳舊；居住密度高，環境擁擠。

而想要往返香港便利，其實不僅僅有關口，自從香港西九龍高鐵站通車，最快 18 分鐘就可以到深圳北，令到深圳北周邊的區域也與香港往返更加便捷。其中深圳龍華區的紅山成為了不少用高鐵往返香港的港人的其中一個選項。紅山距離深圳北站僅一個地鐵站，算上高鐵車程，來往港島的整體通勤時間其實與新界相若。

而且紅山作為深圳的副中心，規劃更科學，除設有兩座大型商場外，亦有圖書館、美術館、全國最大單棟醫院等文化及衛生設施，深圳北站附近更有教授香港 DSE 課程的學校，學童毋須承受跨境上學之苦。房價亦較福民便宜，約為 ￥5-6 萬 / 平方米，而且樓齡普遍較新。但美中不足的是，紅山目前並沒有大型公園，僅在文化設施之間一些零散的小綠地；另外由於是新發展區，傳統街市距離較遠，買餸可能需要光顧超級市場；此外由於龍華人均收入較福田低，亦令紅山的高檔消費體驗較為稀缺。

珠海新香洲 VS 中山坦洲

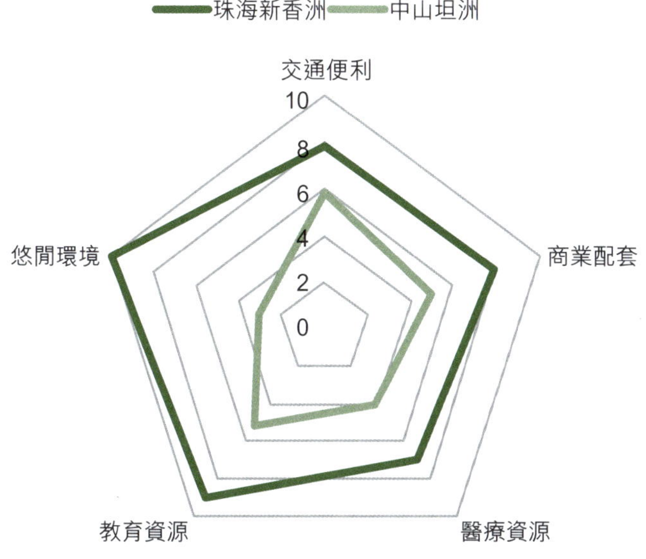

內地各大城市近年普遍出現「同城化」的現象，即兩座地理位置十分接近的城市，開始形成資源互補的城市區域，例如珠海的新香洲 / 唐家灣與中山的坦洲 / 三鄉。本文以新香洲及坦洲作例子，兩個區域雖僅僅一街之隔，但因為分屬珠海和中山兩個不同的城市，在樓價、市政配套、醫療教育等方面都有顯著差異。

新香洲作為珠海主城區的核心區域，樓價較高，約 ￥3 萬 / 平方米，部分高端樓盤甚至超過 ￥5 萬；市政資源投入較大，配套更為完善。道路寬闊整潔，商業綜合體、公園、圖書館一應俱全，生活十分便利；該區亦是珠海著名的名校網。雖然區內並無三甲醫院，但前往周邊兩所三甲醫院交通亦算方便。

在街另一邊的中山坦洲，房價約 ¥1-2 萬 / 平方米，僅為新香洲的一半以下。而由於屬中山市的邊陲區域，市政配套有顯著的差距，整體城市面貌比較破舊，道路大多日久失修凹凸不平。文化休閒設施較少，亦缺乏知名學府；醫療資源也以鎮級醫院為主。另外靠近兩市交界處的居民大多選擇前往珠海消費，亦令該處商鋪空置率甚高。此外，這邊的房地產項目多由小型發展商開發，品質和售後服務較參差；而新香洲的項目則多由內地知名發展商開發。

所以，如果追求高品質生活，珠海新香洲會較合適，雖樓價較高，但有價有市，房價升值潛力更強；如果預算有限、以養老或低成本定居為主，選擇中山坦洲也是較有性價比的選擇。

中山馬鞍島

隨着深中通道 2024 年通車，中山的馬鞍島成為熱點，大量樓盤瞄準香港買家，宣傳「30 分鐘直達深圳」的概念。確實，深中通道大幅拉近珠江東西岸的距離，馬鞍島作為橋頭堡具有地理優勢。目前樓價約 ¥1-2 萬 / 平方米，相對深圳有價格優勢。唯筆者們實地考察過馬鞍島，發現全島幾乎從零開始建設，現時仍有不少空地有待開發。島上商業配套缺乏，商鋪餐廳稀少，日常生活極度不便。醫療資源亦相當匱乏，前往最近的醫院需超過半小時車程。唯一亮眼之處是有一所國際學校，但相信仍需多年發展，島內的居住質素才能稱得上「宜居」。

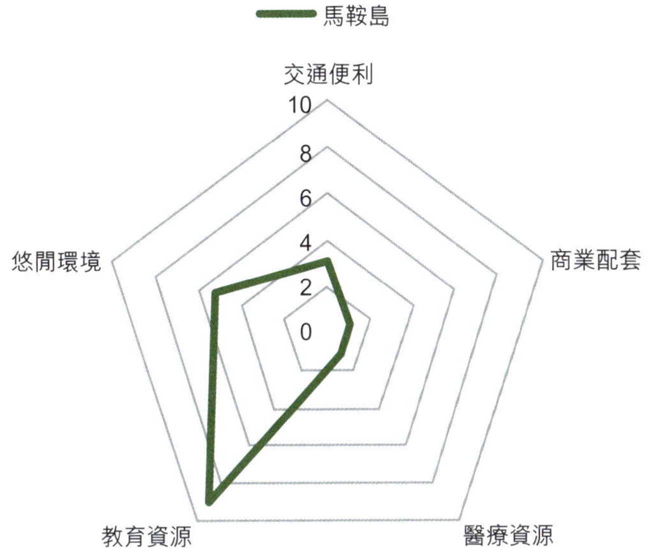

小貼士

由於網上資料往往較為片面，筆者們建議在選擇決定內地定居點前，務必要親身實地考察，千萬不能僅僅靠他人或網上資料介紹而草率決定。有條件的話可以先在意向的地區短期居住一段時間，深度體驗了解當地生活，看看是否真的適合自己。

內地與香港租樓大不同？

「買樓抵過租樓」是香港人的「理財智慧」，前題是建基於香港樓市過去多年的持續上升，低息環境，以及租務市場活躍，這些因素或因經濟週期而有所變更，但客觀數據仍然告訴大家，香港租樓是不便宜的，根據差餉物業估價署公布最新 2025 年 1 月 A 類單位（實用面積 430 平方呎或以下）的租金回報率報約 3.6%。換言之，租住一個市值約 $400 萬的單位，每月租金約 $12,000。所以，都解釋了為甚麼香港人喜歡買樓自住。

在內地的情況又如何呢？首先，內地的土地供應較多，特別是二三線城市。另外，內地的租務回報率，普遍不高於 2%。綜合起上來，就是大家「肉眼」可見的現象，內地不少業主寧願將物業丟空也不出租，反正租金也不高。變相説，在內地生活，除非真的很想擁有自己的物業，否則**先租一段時間，相信是更划算的**，特別是對「初到貴境」的朋友來説。舉一個真實的例子，西 DorSi 現時在深圳租樓，距離深圳北站不算是太遠的距離，該物業的市價約 ￥400 萬，而他所支付的租金是 ￥5,000 左右，對業主來説，租務回報只有 1.5% 而已。故此，「買樓抵過租樓」的智慧未必適用於內地。

提到租樓，內地和香港租樓在流程上看似大同小異，對很多人來說，主要差別在於「睇盤」的習慣不一樣，香港人習慣了中原、美聯等地產經紀 App「睇盤」，內地的選擇自然不一樣，App 的數量亦豐富一點。

類別	例子	特點
地產中介類	貝殼找房 安居客	房源較多，找房的功能強大，部分有「真房源」的承諾
社交類	閒魚租房 豆瓣租房	直接和房東對接，跳過中介，可節省一點費用，但都要注意風險
長租公寓類	自如 魔方公寓	類似香港的服務式住宅，統一裝修，方便入住

然而，除了「睇盤」的差別之外，也有以下一些小細節是值得注意的。

一、住宅類型

一般來說，香港人比較熟悉的住宅分類，有屋苑、「單棟樓」及「唐樓」，背後代表着不同的需求和生活模式。而內地市區住宅則大概可分為「小區」、「公寓」及「城中村」3 大類型。

「**小區**」類似香港的屋苑，環境較好，配套設施較完備，例如通常會配備花園。此外由於是純住宅用途，通常治安較有保障。另外水費及電費收費較低，是理想住房的首選。

「**公寓**」屬商業性質，有住宅公寓、服務式公寓等，居住環境視乎公寓類型和地理位置而有差別，有些公寓較為簡陋，亦有公寓配套設施貼近高檔小區質素。雖公寓租金普遍比小區低，但由於屬商用水電，費用卻較小區為高。而且很多公寓單位被用作營運服務行業，例如美甲、美髮、按摩、攝影，甚至是酒店等，外來人員流動太大，安全保障較差。筆者們曾在網上見到一位香港人在網上分享深圳租住的公寓，不過其實該公寓是深圳一個被不少人認為是品流十分複雜，在網絡上風評甚差的地方，在疫情期間更曾發生命案。因此筆者們建議如欲租住公寓，應先行了解公寓內已進駐的行業，以及網上對該公寓的評價。

「**城中村**」指留存在城市區域內的傳統鄉村，像是香港的村屋或唐樓，租金一般十分便宜，但質素通常較低。由於是村民自行興建的房屋，村民盡量希望降低成本，增加收益，所以普遍為沒有設計感的「握手樓」，部分單位即使是白天亦會有採光不足的問題。此外大多沒有電梯及保安，甚至沒有公用地方的清潔人員，衛生較差。另外亦有不少「劏房」（內地稱為隔斷房）。

二、租客的權利和責任

在香港租樓，除非合約另有註明，一般而言，一般的租約範本是由業主承擔管理費、差餉和地租的。在內地租樓則有所不同，現時比較多的合約範本，是**由租客承擔管理費**（內地稱「物業費」）。有別於香港由於通脹關係，不少大廈屋苑每年均需增加管理費；內地物業費則甚少會調整，不過管理公司往往會在公用地方加設廣告屏及廣告板以增加收入，特別是在升降機內。

與香港大多數租房只包少量家電甚或是空屋入住的情況不同，現時內地多數精裝樓是「**拎包入住**」，即租房內基本配套齊全、租客不必另外購置，方便即時入住。租房提供的家電例如有電視、雪櫃、梳化、餐桌椅、洗衣機、冷氣、大燈等，當然退租時則必須原樣歸還。若租房期間有物件老化、損壞等情況出現時，第一時間與業主溝通協商。通常老化的情況，業主會願意承擔更換的費用；若是損壞的話，則需要自費並且按照業主喜好購買。

另外在居住體驗上，西 DorSi 也有些許經驗與讀者們分享。

內地城市的行政規劃普遍為區 —— 街道 —— 社區，對應鄉鎮的行政規劃為縣 —— 鎮 —— 村。大灣區內部分城市仍然使用鄉鎮行政規劃的名稱，甚至不設縣級編制，例如東莞，全市由 4 個街道和 28 個鎮組成。

「**網格員**」是內地大城市近年在社區新設立的管理員角色，負責在管轄範圍內的人口房屋登記、上報社區問題等，因此會定期走訪、上門核實居住信息，有點像經常出現的人口普查員，但並非每個城市均有設立。筆者記得疫情期間有一年臨近過年，網格員特地上門登記預計離深和返深日期；居住深圳的幾年之間，網格員也換了幾次人，但都會通過電話、上門再登記核實是否仍有在居住。網格員登記住戶資料對內地人十分重要，例如學童登記的單位直接影響可以報讀的校網。而對港人來說，辦理港澳台居住證、在內地考車牌等所需的居住紀錄，亦是透過網格員來登記，因此如需申領相關證件，建議入住後立即向管理公司查詢網格員聯絡方法，並確保網格員已妥善登記，以免影響申請進度。

香港即使是大型屋苑，通常每棟住宅樓下均會配備保安；但內地的「小區」往往是只在重要出入口，如大門口、停車場出入口等設有保安。筆者的深圳居所位處小區之中，小區大門口有保安員並要求來訪人員需登記，但其實由於幾個保安員輪崗、小區住客數龐大，他們也無法認得每戶的面孔，只要大搖大擺走進小區，往往也不會被攔阻；而每一棟樓樓下均沒有保安員看守，只配置密碼門鎖，**保安程度往往沒有香港森嚴**。近年部分樓宇會改用人臉辨識以提升保安程度，不過亦有聲音指有關做法侵害住客私隱。而內地由於物流業發達，除了保安較嚴密的高檔小區，其他小區均會讓外賣員、快遞員自由進出，所在平時出入遇到這些人員機率甚至會比其他住客為高。

由於港人習慣在過年期間向大廈保安員派發利是，所以不少都會笑說該段時間的保安員服務會特別殷勤，即使是其他日子，保安員亦甚少會不禮貌對待住客。不過或許由於內地沒有向保安員派發利是的風氣，保安員對待住客的態度會較為冷淡。而管理公司派駐小區的管理層員工（通常稱為管家），在處理住客之間的投訴雖然會十分積極解決，但對被投訴的住客態度亦往往會較不友善。

另外，內地提倡垃圾分類，多數住宅樓並沒有在後樓梯設置垃圾收集點，而是設在各棟樓宇的地面層或地下停車場內，因此需要每天自行將垃圾拿到樓下扔掉。另外雖然垃圾收集點往往設有收集不同的類別垃圾的垃圾收集箱，但目前多數城市的垃圾分類管理尚不嚴格。而由於紙皮、發泡膠箱等垃圾具有回收價值，大廈清潔員往往會願意主動幫忙處理，你亦可順道要求清潔員幫忙丟棄垃圾。

香港禁止在晚上七時至翌日上午七時，以及在公眾假期及星期日任何時間進行撞擊式打樁工程。內地雖然亦有法律規定禁止夜間（即晚上十時至翌日上午六時）進行產生噪音的建築施工工程，但執行並不嚴格。筆者曾試過凌晨時分被居所附近工地的打樁聲吵醒，噪音在靜謐的夜晚格外清晰。

如何叫外賣？

所謂「民以食為天」，在任何地方生活都離不開飲食。內地和香港的不同，不只是價格或口味上的差異，就連用膳習慣也有所不同，就外賣服務來説，簡直是「另一個高度」。

手指在手機輕點幾下，不久後熱氣騰騰的飯菜便會送至門前，這種便利已經成為內地都市人的生活常態。內地外賣文化不僅僅改變了人們的就餐習慣，更重塑了整個社會的消費型態和時間觀念。掌握外賣技能，可以讓在內地生活及工作的港人更好地適應生活節奏。

內地最常用的兩大外賣平台是「**美團外賣**」和「**餓了麼**」，當中美團在大灣區的覆蓋會多一點。下載 App 後，需要用內地手機號註冊，並可以透過各大支付工具來支付。近期，「京東外賣」也進軍了外賣市場，仍在起步階段，標榜高質素外賣，只做堂食餐廳。京東的加入能否打破內地外賣平台二分天下的局面還有待關注。

叫外賣的步驟和香港的大同小異，這裏就不作詳述。值得一提的是，由於內地人工較低，因此配送費往往十分低廉。加上外賣平台有時會提供不同金額的優惠券，筆者甚至經常發現嗌外賣的價錢反而比堂食還要便宜。另外現時內地大城市大多推行外賣餐具收費政策，因此外賣下單時平台通常都會問你是否需要收費的外賣餐具，不過筆者也試過多次選擇不需要後，餐廳仍然免費提供外賣餐具。

有時騎手將外賣送到時會通過平台系統打電話通知你。當然如果不想面對面交收或者聽不懂普通話，也可以在下單時添加類似「放在門口」或者「請短信通知」之類的備註。如果你身處的位置附近有由外賣平台設置的外賣櫃的話，你亦可將地址設定為外賣櫃，騎手到達後正常情況下會直接將外賣放進櫃裏。

另外根據筆者經驗，現時外賣平台會聘請一些言語障礙人士擔任騎手，但訂單上未必會作出註明。這類騎手雖然無法正常與我們溝通，但送達時通常都會表現得比較熱情，希望大家不要覺得他們奇怪。

買菜都可以外賣？

內地由於地大物博，部分新發展的社區附近可能較少超級市場及街市。而由於近年內地物流業迅速發展，因而亦催生出各種網上買菜的平台。在這些平台上除了可以購買日常用品之外，亦有新鮮的蔬果及生肉，甚至是游水生猛海鮮！因此在內地生活你**絕對可以做到足不出戶多日，每日仍然能吃到最新鮮的食材**。

內地網上買菜的平台有很多，比較主流的有盒馬鮮生、山姆會員商店、樸樸超市、小象超市等。當中有的是實體超級市場的網上平台，例如盒馬、山姆等；也有一些品牌單純以倉庫提供服務，例如樸樸、小象等。你甚至可以透過各外賣平台，來購買市面任何一間超級市場的「外賣」。

筆者認為各個平台均有其各自的特色。例如山姆貨品的分量較大，一份牛扒有三四塊，一包菜重兩三斤，更適合多人家庭。盒馬則講求生鮮食材的新鮮程度，只賣當日的來貨。樸樸雖然貨品質素參差不齊，但價格往往較為便宜，而且騎手通常會主動問你需不需要幫忙掉垃圾，服務較好。

近年由於網上買菜平台競爭十分激烈，亦令各平台的售後服務越來越好。不幸買到劣質貨品的話，顧客可以申請退款，而且大部分情況下毋須把壞掉的貨品送回。只要拍下貨品的照片，發送至平台客服投訴，平台受理後通常會直接退回部分金額。筆者甚至試過送來的貨品與訂單不符，向客服投訴後不但立即獲得全部退款，更連送錯的貨品亦毋須退回。

除了食物，還能外賣甚麼？

除了可以外賣餐食，內地還拓寬了更多可外賣的品類，買生活用品、買藥、跑腿，甚至買服務，如家政、維修服務。

與香港不同，內地的超市是不能售賣藥品的，只能在藥房買藥，而外賣平台則成了線上買藥的主要途徑。在外賣平台上，可以選擇到距離較近較合適的藥房，選擇藥品下單，讓騎手送到你面前。平台上甚至還包含了看醫生的服務，有不同專科的公立醫院醫生網上問症及開藥方。如果一些小問題或者對用藥不是很確定，我們可以在網上諮詢醫生，再透過外賣平台來買藥。

如果我們有些物品需要在同一個城市內取或者送，也可以選擇外賣跑腿。除了專門的跑腿平台如「噠噠跑腿快送」或者快遞平台的「同城急送」之外，外賣平台依靠強大的騎手網絡，也提供跑腿服務。平台會根據物品類別、重量體積、地點距離收取跑腿服務費用。

隨着外賣文化的發展，平台提供各式服務「外賣」。例如家政維修、開鎖換鎖、搬家回收，甚至是上門餵寵物、寵物美容等各種各樣的生活服務。只要有需求下單，平台便將你需要的物品或專業人士送上門，簡直包羅萬有。

如何在內地吃得安心？

在內地生活，無論是堂食還是外賣，食品安全和衛生都是大家關心的問題，了解內地的食品安全監管架構，以及筆者根據自身經驗總結的一些小貼士，可以大大降低「中伏」風險，吃得安心又健康。

3 月 15 日是國際消費者權益日，每年的這一天，中央廣播電視台聯合國家政府部門會共同主辦並現場直播一場公益晚會——「**315 晚會**」，至今已堅持有 35 年。這個晚會通過曝光行業不良內幕來喚醒大眾的權益意識，樹立市場規範秩序，宣傳國家相關政策法規。其中食品安全相關的曝光內容往往都是大家尤其關注且廣泛討論的部分，例如「假泰國香米」、「老壇酸菜土坑醃製事件」、「瘦肉精餵羊問題」等等。每次曝光後，相關食品品類都會經歷一段市場低迷期和整改期，可見「315 晚會」的輿論影響力。

而其實近年「315 晚會」有關食品安全的曝光內容越來越少，側面也反映了內地對食品安全的監管也越做越好。不過倘若你仍然擔心會「禍從口入」的話，筆者建議可以選擇一些商場內的餐廳。因為據筆者們的了解，絕大部分商場都會擔心假如場內餐廳食品安全出現問題的話會影響商場的形象，所以會對自己商場內的餐飲店進行**突擊的抽查**。抽查的內容不單單只是餐廳的環境衞生，亦會包括食材的來源。有第三方的參與監管，大家就可以吃得更為安心。

至於在一些大城市的核心區域，例如深圳的福田、南山區，即使是一些不在商場內的街邊餐飲店，筆者亦曾多次在光顧時遇到街道辦相關人員進行不定期的巡查。

除了各方監管外，近年不少餐廳為了樹立注重食品安全的形象，也紛紛以不同形式減少顧客的疑慮。例如現時大部分餐廳均會**採用透明甚至是開放式廚房**，即使未有採用的餐廳，亦會於餐廳當眼處提供實時的後廚監控鏡頭，可讓食客觀察到廚師操作是否合乎規範。有些餐廳更會在當眼位置公佈食材來源的詳細資訊，讓食客更加安心。

「地攤經濟」陷阱

近幾年，內地「地攤經濟」興起，各城市湧現了大大小小的街頭夜市，吸引不少喜愛掃街的港人光顧。這些夜市也分為兩大類型，一類是**由相關部門發起及監管**，攤位劃有指定位置，並會在當眼處標明監管單位的聯絡方法，例如港人較熟悉的水圍夜市。而另一類則是由攤販自行發起，不受任何部門監管，除了通常佔據交通要道阻礙行人出入外，由於屬「**無牌小販**」，食品安全問題亦日漸顯露。

2025 年 5 月就有一則地攤食品引致大規模中毒的新

聞。安徽蒙城上百人同一天購買了一家無牌小販的提拉米蘇後，出現高燒、腹瀉、嘔吐等中毒症狀。所以筆者強烈建議大家在光顧街邊攤檔時一定要十分小心謹慎，留意是否合規經營的攤位，切勿光顧無牌小販。

「外賣店」陷阱

此外近年由於外賣行業蓬勃發展，亦催生了一系列「外賣特供」的商業模式——有些餐飲店**只做外賣，並沒有設立堂食座位**，被內地網民稱之為「外賣店」。這類商戶往往由個體戶經營，亦缺少堂食客人的監察，部分甚至沒有一個正式的店面，只有一個小視窗供外賣員領取外賣，外人難以查看內部的衞生環境，以往也有不少食品安全負面新聞是與「外賣店」有關。亦由於「外賣店」風評不佳，所以上文提及京東進軍外賣市場，才會打響旗號只做堂食餐廳。

不過近年由於大城市商場過於氾濫，部分商場出租率未如理想，開始將空置商舖租予外賣店。亦有部分大型連鎖餐飲品牌為了增加外賣的覆蓋率，紛紛設立外賣店。這些外賣店的衞生狀況會否較個體戶經營的「外賣店」為佳，尚有待時間的考驗。

「預製菜」迷思

在香港我們習慣了在餐廳「即叫即整」，而在內地很多中低檔連鎖餐廳、外賣店、部分超廉價餐廳及地攤則喜歡用「預製菜」。所謂「預製菜」，是**經過中央廚房預**

先加工、處理或烹飪，通過冷藏、冷凍或者真空保存，到食客點餐時，餐廳只需簡單加熱調配即可食用的菜品。近幾年大眾和媒體時常會詬病預製菜，認為它風味比現做的菜品差，可能不夠新鮮。例如一份炒飯，加熱的預製菜很難有即叫即炒的有鑊氣；即包即蒸的蝦餃怎麼也比現成加熱的要鮮美。有一些之前很受歡迎的連鎖餐飲品牌也因為被曝光使用預製菜而生意受到影響，面臨挑戰。

但是，對於連鎖餐廳來説，做預製菜不僅僅可以節省成本，也更容易做好品質控制，將菜品標準化。畢竟每個師傅的手藝及注重衞生程度都可能不同，中央廚房可以避免不同分店的操作偏差。而且萬一在中央廚房處理的菜品出現問題，會影響到多個分店，後果更嚴重，所以餐廳理應更重視預製菜的食品安全。

另外關於預製菜的添加劑問題，根據 2024 年 3 月國家六部委（包括市場監管總局、衞健委等）在《關於加強預製菜食品安全監督　促進產業高質量發展的通知》中明確規定預製菜需通過「冷凍、冷藏」儲存技術和「殺菌後處理」工藝，不得添加防腐劑；但仍然可以使用符合《食品安全國家標準》的添加劑如醬油等調味料，及其他合法添加劑，如符合國家標準的增稠劑、着色劑等。不過由於該通知並非法例，不排除部分外賣店、廉價餐廳及地攤為節省開支，仍會選用含防腐劑的預製菜，或選用「千年肉」等低質素食材，並加入大量調味料以營造色香味。

客觀來說，筆者們認為預製菜並不一定就有問題，如果你想吃的食物並沒有那麼追求新鮮出爐，可能某些情況下連鎖餐廳的預製菜還更令人放心。但如果是街邊小店用餐，還是選擇即叫即製會好一些。

如果想在叫外賣時避免誤點「外賣店」，可以用以下各種方法：

1. 選擇一些你曾經到訪堂食的餐廳；
2. 在外賣平台「商家」資料裏查看商家的門店照片，並於大眾點評 / 地圖 App 上搜尋該餐廳的照片加以對比；
3. 盡量避免選擇地址為公寓 / 小區「樓上鋪」或城中村的商家；
4. 試叫一次，然後向外賣員查詢是否為外賣店。

有些餐廳除了在外賣平台上張貼門店照片外，甚至連通了廚房的實時監控鏡頭，讓消費者在網上亦可清楚了解該餐廳的食品製作過程。

如何在內地吃得開心？

如今，打卡文化已滲透進日常生活，成為現代人習以為常的行為模式。例如食物或地標拍照、健身記錄等等，打卡作為一種社交行為已無處不在，甚至已演變成為一部分人的社交展示儀式。從工作到生活，從現實到虛擬，全民自媒體的社會裏，打卡已不僅是記錄，更有人以打卡作為目的來出行，以這一手段來謀生。

網上食評可信嗎？

現代人選擇吃甚麼，往往會先在食評網站上找；到每一間餐廳用餐，都會慣性拍拍菜品、環境的照片，發到社交平台甚至是食評網站上打個卡，分享幾句自己的評價。社交媒體及食評網站的出現，導致大部分餐廳都很重視網上評價，會花很多心思去經營。所以現在去內地餐廳用膳，會經常遇到服務員慣性地提出，如果在食評網站上收藏或打卡其餐廳，就贈送菜品的邀請，以提高餐廳在網站上的人氣，並增加曝光機率。

而據筆者一位內地餐飲業界朋友透露，內地有部分高檔商場會要求場內的餐廳在食評網站上的評分不能低於 4 分，否則將不予續約。雖然食評網站為提高公信力，已明文規定餐廳不可誘導顧客作出好評，不過筆者卻經常

遇到餐廳明目張膽說服顧客寫「真實」評價，以換領高價值菜品；當筆者表示不懂寫的時候，某些甚至表示可代為撰寫。有些餐廳新開張不到 3 個月，食評數量過千條，平均下來每天十多條，是非常不合理的，非常有買評論或者鼓吹評論的嫌疑。

此外針對社交平台市場，內地餐飲業已建立起一條很有系統的 KOC 宣傳產業鏈。KOC（Key Opinion Consumer / 關鍵意見消費者）即一些粉絲數量較少的社交平台賬號，由於影響力相對較少，餐廳往往能只以「請食飯」的方式與 KOC 合作，要求 KOC 免費用餐後在社交平台上幫忙宣傳，甚至會就內容提供模板。這些模板往往有一些共通點，例如堆滿整張桌子的菜品、高飽和度偏暖色色調、超廣角鏡拍攝的菜品近鏡等等……近年由於北上熱潮，不少深圳餐廳甚至會以「香港人」等字眼作招徠，例如筆者曾光顧一家聲稱「一半都是香港人」的餐廳，但親身到訪後卻發現顧客全是操普通話人士。

而由於內地人口龐大，即使餐廳出品平平，難以吸納回頭客，餐廳仍能僅靠源源不絕的「生客」維持經營。因此現時內地有不少「網紅」餐廳，往往只追求網上評價，卻忽略了食物質素。打卡文化盛行，更衍生出不少「顏值」很高的「漂亮飯」餐廳。這些餐廳往往裝潢很有格調有巧思，不放過每一個角落；菜品也很精緻，擺盤有趣，引誘食客無時不刻都要拿起手機擺拍打卡，而味道上則沒有那麼講究，甚至並不好吃。但對於餐廳來

說，漂亮飯可以讓食客打卡分享在社交平台上，也是幫餐廳做了宣傳，能夠吸引更多人來，因此也沒有那麼注重菜品味道了

西 DorSi 在撰寫與本書同期出版的《西遊記：珠海 2025-26》一書時亦發現，不少珠海本地人私心推薦的社區小店，在食評網站上的評論數往往稀少且評分甚低，但出品卻甚為驚艷；反觀不少珠海超級「網紅」餐廳，菜品味道卻是不外如是。因此在內地選擇餐廳，筆者建議**不要輕信餐廳在網絡上的評價，反而可以多問問當地人有何推薦**，會較容易尋覓真正的「美食」。

雖然建議大家看食評網站時需要十分謹慎，但筆者並不是完全否定這些平台。因為在這些平台上還有不少團購可以購買，特別是一些**團購套餐**，價格往往只是「散點」的 5 到 6 折。內地主要的團購平台有美團、抖音、小紅書、閒魚等等。通常美團裏的餐廳最為齊全，團購券的數量最多。而抖音和小紅書的團購券優惠力度會較大，但數量較少，餐廳質量比較參差。閒魚作為一個二手交易平台，有些人會先在其他平台上買入大量限量的低價團購券，然後再放在閒魚上轉賣，從中賺取差價。所以閒魚也有不少團購券可以買到，不過始終並非商戶直接出售，購買時要謹慎。

順帶一提，美團和大眾點評其實已於 2015 年合併，同屬「美團」旗下，因此兩個 App 的功能和內容幾乎完全一樣，只是介面上有些許分別。不過**大眾點評 App**

偏向評論功能，建議各位緊記注意甄別評論的真實度；而**美團 App 則側重團購功能**，有時團購券會比大眾點評上的更便宜。因此筆者們在內地也已養成一個習慣，進入餐廳後第一件事是先看看美團上面是否有比較優惠的團購套餐，套餐內容「啱唔啱食」，如覺得適合的話就會立即購買，然後叫店員幫忙驗券來兌換菜品。

港人北上「必吃榜」

由於香港有不少食材均是由內地進口，在內地品嚐會遠較香港「平靚正」。此外由於香港法律所限，部分美食在內地會有較好的味道及體驗。以下是筆者認為在內地品嚐，「中伏」機率較小的菜品：

1. 雞

常言道「雞有雞味、魚有魚味」，要吃到雞味最重的雞肉，老饕們往往會追求「即劏即煮」。不過現時香港餐廳只能選用冰鮮雞，不少食客均認為風味有所流失。雖然在內地大城市例如深圳，也只能吃到冰鮮雞，但只要抵達這些城市的邊界，仍然可以輕易找到一些農莊，主打各種「**即劏即煮**」的雞類美食。

2. 潮汕牛肉火鍋

潮汕牛肉火鍋特別講求牛肉的新鮮程度，因此內地有不少餐廳會**從屠房直接進貨**，當牛肉新鮮屠宰後便立即送到餐廳，到達餐廳時牛肉神經甚至仍會跳動。如此新鮮的牛肉，牛味較少流失，口感更為鮮嫩。不過在香港要做到如此「新鮮」，成本十分高昂；相反內地則十分低廉，即使在大城市人均一百多已可以享用到新鮮的「全牛宴」。

3. 羊肉

內地由於不少人士信奉伊斯蘭教，市場上有不少清真餐廳，而羊肉往往是這些餐廳經常選用的肉類。需求量大，也讓內地不少地方都可以輕易吃到新鮮的羊肉。其實**新鮮羊肉的羊羶味極少**，風味更佳；而大部分城市烹調羊肉菜品最出色的清真餐廳，往往是開設在市內最大清真寺周邊。

4. 鰻魚

中國其實是全球最大的鰻魚出產國，台山及順德均是著名的「鰻魚之鄉」。而在日本，不少鰻魚其實是來自內地，所以筆者經常推薦喜愛鰻魚的朋友到內地品嚐，不但「平靚正」之餘，吃法也更為多元化。例如近年很流行的「即劏即燒」的炭火烤鰻魚，鰻魚下單後才送到廚房宰殺，上菜時頭仍然會動，雖然有點恐怖，不過卻能更好保存鰻魚的鮮味。

5. 片皮鴨

俗稱「片皮鴨」的北京烤鴨，傳統做法是以果木燒製。但在香港由於法例所限，餐廳很難以碳火燒製食材，往往以焗爐替代。相反在內地，有些餐廳還會堅持**用果木來烤鴨**，更會選用更正宗、羶味較淡的北京鴨，整體風味更好。

港人北上「中伏榜」

雖然在內地不少城市你都可以輕易找到來自大江南北的美食。然而，筆者認為在被譽為「美食天堂」的香港，匯聚了世界各地的美食，當中亦有不少的味道和體驗會比內地更勝一籌。以下是筆者根據經驗，總結的一些在內地「中伏」機率比較高的菜式類型：

1. 西餐

理論上愈國際化的城市，西餐水準會愈高。筆者就曾聽過一種説法，上海由於較多外國人到訪，當地西餐的水平是全國第一；而深圳蛇口亦是深圳較多外國人聚居的地方，容易找到較正宗的西餐。不過即使在深圳，也有不少面向內地人的「西餐廳」，往往會**選用一些本地更容易獲得又或者比較廉價的食材**，來替換西餐內一些比較昂貴的食材。

如果你看到某家「西餐廳」的菜品非常便宜，就要有個心理準備，很大概率不是正宗的西餐。例如近幾年在內地很流行的提拉米蘇，筆者就發現很多「西餐廳」不是用手指餅、mascarpone chesse 和生蛋黃製作，而改用了普通蛋糕胚和忌廉。雖然都叫提拉米蘇，但無論味道或口感均大相逕庭。筆者也曾試吃過中山及珠海兩家老字號「西餐廳」，雖然兩家餐廳部分牛扒要 2、3 百元，在當地已屬高端消費，出品卻與香港豉油西餐差不多。因此口味比較西化的人士，在內地二、三線城市生活或許需要改變一下飲食習慣。

2. 日本料理

香港目前很多日本餐廳還是選用日本進口水產。而自從日本啟動核污水排海之後，中國海關已**全面暫停進口日本水產**，以確保食品安全。因而內地的日本餐廳紛紛轉而採用本土水產食材，風味往往截然不同，對於吃慣日本水產的人士，未必能夠接受。此外雖然本土食材遠較進口食材廉價，但這些餐廳卻未見有下調價格，因此現時內地的日本餐廳普遍存在價格虛高的問題，並不划算。

3. 澳洲龍蝦

深受香港人喜愛的澳洲龍蝦，曾經因為檢疫問題被內地暫停進口。雖然內地在 2023 年起已逐步恢復進口，到 2024 年部分高檔餐飲和生鮮平台亦已重新上架了澳洲龍蝦，但價格受運費、關稅影響較疫情前上漲了不少，亦遠較在香港吃為貴。所以內地的餐廳**大多會採用波士頓龍蝦或本地小青龍**，不過筆者認為肉質和鮮甜程度和澳洲龍蝦還是有明顯區別。如果讀者鍾情於澳洲龍蝦的話，在香港吃的性價比會更高。

4. 日本和牛

不少「牛魔王」深愛的日本和牛，目前內地是**禁止進口**的。所以我們在內地見到餐廳選用的和牛，通常是指風味較差的澳洲和牛，甚或是國產和牛。部分餐廳甚至會創作出「5A」和牛等級，蒙騙不知情的消費者。此外，少部分高檔餐廳或許會供應非正規途徑進口的日本和牛，不但價格昂貴，而且存在食品安全風險。因此筆者建議在內地生活的「牛魔王」，可以考慮改吃性價比更高的潮汕牛肉火鍋。

小貼士

由於香港餐廳處理蔬菜的成本與肉類相若，因而令港人的飲食習慣會偏向多肉少菜。例如茶餐廳的碟頭飯或燒臘店的燒味飯，餸菜往往以肉類為主，再配一兩條青菜，甚至完全沒有。而內地的蔬菜成本往往比肉類低，碟頭飯（內地稱為蓋澆飯）及粉麵類美食，肉類的比例會偏少。例如蘭州拉麵，湯麵上面通常只飄着三五片薄如蟬翼的牛肉片，不少人笑說蘭州拉麵餐廳「一年用不了一頭牛」。

Chapter 3

購物與出行篇

內地網購有「學問」？

內地電商的蓬勃發展，使得網購已成為在內地日常生活中不可或缺的一部分。與香港的網購環境相比，內地電商平台更豐富、促銷活動更頻繁，同時也存在一些獨特的規則和注意事項，如果大家到內地生活就要留意了！

三大網購平台

在內地，網購主要依賴三大平台：「淘寶」、「京東」、「拼多多」，它們各有特色，適合不同的購物需求。

「淘寶」是最早成立的電商平台，商品種類豐富，從服飾、電子產品到家居用品，包羅萬有。它的優勢在於商家眾多，競爭激烈，往往價格區間廣泛，適合喜歡貨比三家的消費者。不過，由於商家質量參差不齊，購物時也需要仔細查看說明和評價。筆者們在淘寶選購商品時，會比較傾向購買有「天貓」標誌的，為有實體店的商家，貨品的品質往往較好。

「京東」則以自營模式和高效物流著稱。筆者們在京東購物時，通常會留意店鋪名鋪有沒有「京東自營」字眼，這些店鋪由京東自行營運及向品牌採購貨品，概念類似豐澤、百老匯的網店。自營店由京東各個城市的倉庫直接發貨，因此配送速度十分快捷，在正常情況下大多城市甚至可以實現「當日達」或者「次日達」，例如早上下單，當日傍晚時份就可以收到。此外自營店的售後服務也較為完善，適合購買電子產品、家電等高價值商品。

「拼多多」是近年來崛起的新興平台，主打低價和團購模式。它的商品價格通常比前面提到的兩家都更便宜，尤其適合購買日常用品、農產品等本身價值不高的產品。不過需要注意的是，低價也可能伴隨一定的質素風險，購買前建議多參考一下用戶反饋。

對於習慣於香港網購模式的消費者來說，內地電商環境有一些明顯差異，了解這些差異，能夠令消費者更順利地購物。

7 天無理由退貨政策

在內地大多數電商平台都支持「**7 天無理由退貨**」，這是保護消費者權益的重要措施。只要商品不影響二次銷售（如未拆封、未使用），消費者可以在收到貨品後 7 天內申請退貨，且毋須提供具體理由。以前在香港用內地平台網購集運到香港，如果需要退貨往往需要自己想方法且自費將貨品寄回，但在內地的話甚至可以由快遞公司免費上門取件退貨。但是某些特殊商品（如生鮮食品、訂製商品）可能不適用無理由退貨，建議大家在下單前要仔細閱讀退換貨規則。

不過筆者們還是在此奉勸各位，千萬**不要濫用這個退貨機制**，請確保貨品真的是在完美無瑕的情況下才使用此機制退貨。

節慶促銷頻繁，折扣力度大

內地電商平台幾乎每個月都有促銷活動，除了傳統的「雙 11」、「618」等大型購物節，近年還有「年貨節」、「女神節」、「開學季」等各種主題促銷。現時這些活動不單單只有一天，而是大多持續數天至整個月，而在活動期間貨品的售價往往會比綫下實體店的更為低廉，所以很多人會選擇將平時逛街看到想買的物品，留到這些促銷活動期間才購買。

網購生鮮食品更方便

在香港，由於跨境物流的限制，通過「淘寶」等平台買不了生鮮水果到香港。但在前文也有詳細介紹過，內地生鮮電商非常發達，各大平台都會提供冷鏈配送服務，例如水果、蔬菜，甚至是需要冷藏的海鮮、牛扒、蛋糕、雪糕、盆菜等食品，都能透過網購平台下單，直接送到家中。

物流並不是萬能的

雖然內地物流整體效率很高，但在一些大型節慶期間（如「雙 11」、農曆新年、五一及十一假期等）快遞行業會面臨巨大壓力，配送速度會明顯變慢，特別是農曆新年期間，許多快遞員回鄉過年，部分商家也會暫停發貨。因此如果計劃在這些節日前後網購，**建議要提前下單**，或選擇京東自營等物流穩定的平台。此外，節日期間部分商品可能會漲價，尤其是生鮮和禮品類，提前囤貨是不錯的選擇。

在大多數情況下，**內地網購是可以包郵**，即免費配送，但也有部分城市地區或部分商家出售的貨品的是不包郵的。所以大家在網購前要留意自己所在地及選購的貨品是否包郵，包郵不是當然的。

小貼士

由於外國品牌的產品（例如服飾、數碼產品、化妝品等）於進口內地時需要繳納關稅，銷售時亦需疊加增值稅，所以在正常情況下，這些產品在內地的定價往往會較香港為高。相反在內地購買內地品牌的產品，由於物流成本十分低廉，定價會較在香港購買為低，因此筆者在內地時往往會傾向選購這些產品。

不過凡事均有例外的情況，例如 2025 年推行的「國家補貼」政策（俗稱「國補」），港澳人士在部分內地城市購買家電及數碼等產品亦可享用補貼，有機會令進口產品的最終價格比香港更便宜。但由於國補政策並非永久有效，而且各地政策略有不同，這裏就不作展開介紹。

另外在內地選購部分內地品牌的數碼產品時，例如手提電話、電視等，亦需留意產品可能會內置廣告，使用體驗會較香港版本不同。此外，在內地購買內地品牌的手提電話，有可能不能安裝部分港人常用的 App；即使可以安裝，具體步驟也十分複雜，而且可能會出現未能接收通知的現象，不諳手提電話系統操作的人士未必能解決此問題。

除上述 3 大網購平台外，其實還有一個較多人使用的平台「閒魚」(內地網民戲稱「海鮮市場」)，類似香港的「Carousell」，是阿里巴巴旗下的二手交易平台。平台上有很多你猜都猜不到的東西在售賣，例如，今年初任天堂 Switch 2 遊戲機開售前一個月，有內地 KOL 已可以在閒魚上購買這款遊戲機的主機板；但畢竟是二手買賣，風險比較大。

內地出行與交通

眾所周知內地地大物博，居住密度遠較香港為低。港人習慣下樓有超級市場及便利店，但在內地視乎居住區域，周邊最近的超級市場或許要步行十分鐘以上，因而令外賣及網購平台得以蓬勃發展。雖然在內地生活的確可以足不出戶解決幾乎所有需求問題，不過永遠宅在家中亦非一件合理的事。本文將向各位講述筆者在內地生活的一切出行體驗，分享由步行至乘坐各式交通工具的心得。

步行體驗

雖然內地並沒有香港的「土地問題」，城市的道路大多十分寬闊，卻又並不代表內地的步行體驗會較香港優勝。以下是西 DorSi 認為內地一些步行體驗倘待改善的地方：

- 道路的保養難以完全兼顧，特別是一些偏遠地區的行人路，大多凹凸不平，一不小心很容易會「叉錯腳」；
- 地攤經濟下催生出來的一些無牌小販，往往會將攤檔設置在人流量大的路口位置，為行人出入帶來不便。熟食攤檔更會引致油污問題，行人路滿佈深色油污；
- 寵物主人大多容許寵物隨地大便，而且不作清理便離開，以致行人路經常「遍地黃金」；

- 部分行人過路處綠燈的持續時間十分短，即使是年青人亦未必有足夠時間橫越，行動不便人士更難以過馬路；
- 而在沒有交通燈的行人過路處，不少司機均不會禮讓準備過馬路的行人，行人只能看準時機在相隔較遠的車輛間通過；
- 內地不少十字路口右轉是不需要看交通燈，在安全的情況下可直接右轉，而在行人視角會以為該車輛在「衝紅燈」！

電動車問題

內地由於電動單車盛行（內地稱之為電動車，或俗稱「電雞」），亦導致經常出現人車爭路的問題，亦是不少內地網民為之垢病的地方。特別是在深圳，由於規定電動車不可在馬路上行駛，以致電動車經常會選擇在行人路上行駛。而駕駛電動車的人士主要以外賣及速遞員為主，為求以最快速度將物品送到客人手中，這些電動車往往會高速穿梭在行人之間，十分危險，導致行人走在行人路上也不得安心，還需要格外警惕突然竄出的電動車。此外雖然行人理應在行人路上擁有最高路權，但不少電動車卻會胡亂響　，甚至會在行人身後突然響　，嚇壞行人。

缺乏無障礙設施

而由於電動車的氾濫，商場及公園為防止電動車駛入，

紛紛於出入口處設置巨型石墩，但這些石墩卻又同時阻礙輪椅人士進入這些場所。另外主要幹道通常會以行人天橋或隧道實施人車分隔，但往往缺乏升降機等無障礙設施；即使有設置，亦有可能沒有投入服務。此外內地不少無障礙設施亦不符合標準，例如筆者們就經常會看到部分公共場所的升降梯連着幾級階梯，導致輪椅人士難以在內地獨自出行。

共享單車 / 電動車

在內地城市的街道旁、商場外，都不難看到停放着大片大片的單車，藍色一堆、黃色一堆、綠色一堆。大城市常見的、市場佔有率比較高的品牌有「哈囉」、「美團」和「青桔」，分別可以通過「支付寶」、「美團」、「滴滴」App 來掃碼使用。第一次用之前需要用回鄉證完成實名認證，並需支付按金，因此建議**選擇租用大品牌的會更為安全**。在開始租借前，可以先在 App 查看確認一下目的地附近是否有還車點。

除了共享單車之外，近年內地亦開始出現共享電動車，不過由於共享電動車安全隱患風險較高，因此較多於新一線及二線城市營運，北上廣深等地較為罕見。另外電動車停車還車點會相對較少，且會有可以行使的區域限制，如果目的地超出了該區域，會面臨無法還車的窘境。此外法例規定騎乘電動車時必須佩戴頭盔，雖然絕大部分共享電動車均有配備，但亦有不少人認為共用頭盔會有衛生問題。

地鐵 / 巴士

港人習慣使用八達通乘坐交通工具，而在內地大部分城市均有推出附有「**交通聯合**」標誌的交通卡。任何附有此標誌的交通卡均可以在全國超過 300 個城市乘坐巴士或地鐵，而且在發行城市使用通常有折扣優惠。不過請注意正常情況下，交通卡只能在發行的城市增值。綫下增值時，正常可以使用 AlipayHK 或 WeChat Pay HK 來支付；而增值點除了地鐵站及巴士總站外，部分商戶亦有設置，詳情可在對應交通卡的微信公眾號上查詢。此外你亦都可以在 Apple Pay 內開通任何一個城市的交通卡，並綁定任何銀聯卡，即可隨時隨地在 Apple Pay 上透過銀聯卡來增值。

此外內地及香港版的「紅藍綠」支付工具，皆有「乘車碼」功能可直接掃碼乘車，但部分需先進行實名認證，以及每個工具的「乘車碼」涵蓋的城市數量也有不同。另外付有「閃付」功能的銀聯信用卡，亦可直接以類似交通卡的方法「嘟一嘟」來乘搭內地大部分城市的地鐵或巴士。

不同城市亦有不同的長者乘車優惠政策，例如在深圳，只要是年滿 60 歲以上的人士，即使你不是深圳居民，亦可以直接向車站工作人員出示身份證明文件（包括回鄉證），即可免費乘坐地鐵。但在其他城市，往往需要在該城市居住，並申請相關福利卡，才可以享用有關優惠，詳情可向該城市的巴士及地鐵公司查詢。

火車 / 高鐵

官方 App「12306」，可購買、改簽、退票。平時我們在「12306」上可以買到最遠 14 天後的車票，某些特殊時期如農曆新年「春運」高峰期還會提早開放購票。如果遇到購票緊張，買不到票的情況，「12306」還有一個「候補」功能。而後台會根據候補數據情況，如果真的供不應求得非常嚴重，甚至會酌情安排加開班次，特別是在「春運」或一些長假期高峰期。切勿相信市面上流傳的「加錢找代理可以更容易買到票」的廣告，買票還是要經過官方渠道或正規的旅行代理。

要注意的是，雖然大部分城市已經可以支援回鄉證進出高鐵站，但在一些比較偏遠或老舊高鐵站的閘機仍有一些不支持刷回鄉證的。所以筆者建議大家在不熟悉的城市高鐵站，**不確定進出站能否刷回鄉證的話，直接排人工通道**，萬無一失。即便是在深圳也時常會出現刷證進站識別失敗的問題，曾有當值的車站工作人員溫馨提示，可能是因為後面排隊的人太多，同時有好多張臉出現在閘機鏡頭畫面裏致使系統無法識別，可在刷卡時鏡頭近一點，頭像大一點可以大大降低系統識別難度，筆者們親測有一定效果。

廣深港高鐵為了方便香港西九龍至福田站 / 深圳北站之間的旅客，推出了「靈活行」安排，允許旅客在辦理一次改簽或超過改簽時間後，仍可以在乘車日期當日辦理即日變更車次手續最多三次，從而靈活提前或推遲乘車。但根據筆者們的實際經驗，這一安排很有限。因為這一安排只適用於香港西九龍至福田站 / 深圳北站間的部分特定車次，可以換的班次間的時間間隔較長。經常會遇到的情況是，當你想提前或推遲，在系統裏查閱可以供靈活行的班次時，發現幾乎沒有可以選擇的班次，從而未能使用這個安排。另外廣深港高鐵亦有推出「20 次計次票」及「30 日定期票」，方便經常來往香港及內地的人士。

飛機

「攜程」、「去哪兒」、「飛豬」等 App 可預訂機票，其實香港常用的旅行 App 如「Klook」、「Trip.com」(即國際版攜程）在內地也都可使用。值得留意的是，**乘搭內陸機是不需要特區護照的，憑回鄉證就可以購買和乘搭**；內陸機的票價會較便宜，但如果是國際航班，價格一般會比香港機場出發為貴，這也是很多內地乘客會選擇來香港乘搭國際航班的一個重要原因；另外內地機場時常會出現航空管制，筆者也經歷過在機場因航空管制而使航班延誤大半日。所以如果是中短途旅行，筆者建議選擇高鐵出行會比飛機更準時；某些特價機票註明中國內地居民專享，並不適用於香港人，在預訂機票時要確認清楚適用人群，避免麻煩。

網約車

在香港，的士的密度較高，我們習慣了出門在街邊揮手攔截的士。但在內地很多城市或地區，地方太大，的士數量卻不夠（的士密度低），經常會出現攔不到的士的情況。而且的士的地域屬性比較強，大部分的士無法跨市運載。再加上網約車已受內地法律法規承認及監管，所以網約車和的士都是在內地常用的出租車交通工具。內地各個機場、火車站、碼頭出入口也都會對網約車和的士的上下車點有明確規劃及指示，可見網約車在內地的普及程度。的士的乘搭方法與香港大同小異，筆者在這裏就不贅述，主要談談網約車。

滴滴出行是最大的網約車平台，它不僅有自己的 App，同時也有支付寶、微信及 AlipayHK 版本的小程式，可以直接在後三者直接打開其小程式使用。除此之外，高德地圖等地圖 App 也整合了多家叫車平台，例如曹操出行、神州專車、如祺出行等等，可同時呼叫不同平台的車輛，甚至是當地的的士，提高叫車效率。在開始叫車服務前，需要綁定手機號碼，有時甚至需要預付車費。

另外網約車平台通常有以下車型可供選擇（按價格排序）：

車型	介紹
拼車	與順路的陌生人一起乘坐網約車，為接載其他乘客可能需要繞路，但格價最便宜
特惠車	質素比較一般的司機
快車	普通司機

車型	介紹
專車 *	質素最好的司機，車內甚至會提供免費支裝水
六座車 *	可以乘坐六位乘客的七人車

* 大城市才有此車型

在使用網約車時，在絕大部分情況下**切忌與司機進行任何線下交易**，特別是取消原有訂單轉為線下交易。一旦取消訂單，平台將很難對網約車司機進行監管，萬一發生糾紛也不易跟進。不過有一個例外情況，平台是允許司機與乘客商討收取費用，就是跨城回程高速費。假如是跨越兩座城市且需要途經高速公路的行程，因為跨城訂單較少，司機或許需要空車回程，會向乘客索取回程高速費用補貼。但這一做法在內地也有爭議，有指平台系統會向身處其他城市的司機派發回程的訂單，所以司機需承受空車回程損失的機會其實較少。若司機出發前與乘客商討是否收取回程高速費用，乘客拒絕的話，司機亦有權拒絕接載乘客。到底應否支付回程高速費，其實很難一概而論。但請留意有些平台在部分城市之間的跨市行程訂單，已包含有關費用，例如深圳至中山乘客毋須另行支付，建議大家叫車之前先看清收費準則。另外如跨市行程毋須路過任何收費路段，例如由廣州南站前往佛山陳村，筆者認為亦毋須支付任何回程費用。

如果想跨市出行費用划算一點，還可以叫「順風車」。顧名思義，這輛車本身就要去目的地城市，順便接載乘客。但這類車監管較弱，司機素質普遍較低，「甩底」及臨時加價現象頻生；不少城市更出現「職業順風車司機」，大多為被平台取消資格的前網約車司機。出於安全考慮，筆者們建議大家要謹慎選擇「順風車」。

白牌車亂象

筆者們在此向各位呼籲，切勿在內地乘搭經常在關口及高鐵站附近出沒、非法載客取酬的「白牌車」（內地稱為「黑車」）。不過部分偏遠的旅遊景點及高鐵站，不但沒有的士，亦往往會被白牌車司機佔據。當地網約車司機均不願前往載客，以致無法透過網約車平台叫車，最終只能被逼乘搭白牌車離開。

除白牌車外，內地亦有「摩的」，即「摩托車的士」，指用兩輪或三輪的摩托車提供有償載客服務的交通工具。後來因為很多城市禁用摩托車，很多司機改用電動車載客，因而人們也將其統稱為「摩的」。需要留意的是，摩的在大多數城市是不合法的，且缺乏監管，即便是有些網約車平台裏包含的「打摩」功能，也是通常處於灰色地帶。而且摩的為求盡快完成服務，往往會在街道上左穿右插，如發生意外乘客亦沒有任何保障，因此筆者們亦強烈不建議大家乘搭摩的。

自駕

在內地自駕，首先需要持有有效的「中華人民共和國機動車駕駛證」。如果你已經有「香港機動車駕駛證」，即可免試換證。除了可以在香港工聯會跨境通聯服務中心辦理，也可以在內地當地車管所網上預約後，再親身到現場辦理，遞交文件、簡單體檢、拍照、觀看學習影片。而如果你沒有香港駕駛證，也可以選擇在內地學車考證，通過體檢及四個科目的考試即可獲得內地駕駛證。

獲得車輛也有幾種方式：一，符合條件的香港私家車可通過「港車北上」計劃，提前辦理手續（包括購買內地交強險等），在廣東省內行駛，每次最多逗留 30 日，全年最多逗留 180 日；二，給自己的香港車申請粵 Z 牌，即是俗稱的「兩地牌」，可以按企業或個人類別申請，而在不同口岸申請的標準和門檻也各有不同，車輛成功申請後可以在粵港澳大灣區指定區域內通行；三，若長期在內地生活，可考慮買車，需要辦理牌照、購置稅、保險等手續；四，短期出行可選擇租車，內地有很多租車平台如「神州租車」等，須提供駕駛證、信用卡預授權及身份證明文件。

在內地出行要告別 Google 地圖？

港人習慣使用 Google 地圖來搜索目的地和導航。但由於 Google 地圖已在 2010 年退出了中國內地市場，內地地圖部分已再無更新，資訊十分過時。此外，由於內地使用不同的經緯度座標標準，以致 Google 地圖在內地與香港接壤的邊境位置均出現顯示錯誤的問題，對使用者造成不便。因此筆者強烈不建議大家在內地使用 Google 地圖。

「高德地圖」和「百度地圖」是內地最主流的地圖App，兩者的功能大同小異，例如有搜索目的地、路線規劃導航、即時路況、周邊搜索等功能。在部分城市更有「實時公交」功能，可以顯示巴士現時的具體位體，仍需多少分鐘才能到達巴士站，而且資訊往往十分準確，適合經常乘搭巴士的人士使用。

小貼士

倘若在交通工具上不小心遺留物件，可以怎麼辦？西 DorSi 曾經不小心把手提電話遺留在網約車及巴士上。其中網約車就可以直接聯繫司機，普遍都願意在完全手頭上的行程後，直接將遺留物品直接送到你的下車點，但需要向司機繳付前往下車點的車資。而巴士則可以在網上查找巴士公司的電話致電查詢，或直接直往該路線的終點站，效率會更快一點。

出街要帶身份證嗎？

在香港，法律規定年滿十五歲的市民出街必須攜帶身份證，如果被警務人員要求核查身份，但不能出示身份證明文件的話，即屬違法。但在內地，情況有所不同。

內地法律並未規定公民必須隨身攜帶身份證，警務人員一般不會僅因為未有攜帶證件而處罰或拘留相關人士。同樣道理，港人日常出街亦毋須攜帶身份證明文件，但如果需要出遠門，乘搭高鐵、飛機，住酒店，或者需要親身辦理業務時，雖法律不強制，為了避免麻煩，最好還是隨身攜帶證件。不過筆者亦試過由深圳出發往其他城市入住酒店，於辦理入住時才發現忘記帶回鄉證，最終憑回鄉證照片亦能成功辦理入住。當然現時亦可出示下文介紹二維碼臨時通行證，會更為合規。

而某些需要核對持票人身份信息或者安保排查的情況場合，比如景點、演唱會等，則仍需要出示身份證明文件。不過若能提供電子版身份證明（如電子證件、居住證或回鄉證照片）通常即可，不會被刁難。

另外，根據經驗，內地警務人員亦可能會在公眾地方抽查市民身份，並會用電子器材查找相關信息。不過由於該系統通常未能記錄回鄉證資料，如果遇上的話，只要

如實告訴警務人員並非內地居民，正常情況下會立即予以放行。

在內地回鄉證（港澳居民來往內地通行證）遺失或過期 / 臨期怎麼辦？

雖説在內地生活時，實體身份證件的使用頻率遠比在香港使用的頻率要低，但萬一不慎遺失回鄉證，或突然發現回鄉證過期 / 臨期，都很令人頭大。可以按照以下步驟處理：

第一步，立即報警掛失：如果證件遺失，需到最近的派出所報失，取得報警回執，以免不法分子盜用證件，招致更多損失。如果是被偷竊，警方可能會還立案調查，但有關調查不會影響證件補辦流程。

第二步，補辦回鄉證：回鄉證丟失後，需前往當地（縣級以上）公安機關出入境管理部門或香港駐內地辦事處補辦。如果有需要緊急返港，也可以選擇在口岸的港中旅營業點辦理一次性出境通行證（即「臨通」），回到香港後再到香港中旅的證件服務中心補辦正式回鄉證。

(1) 在內地直接補辦：

在公安機關出入境管理部門或香港駐內地辦事處補辦，以廣東省舉例，可以在微信裏面「廣東出入境」服務號，預約辦理港澳居民往來內地通行證業務，選擇辦證城市，預約好辦證大廳的時段，填寫個人資料後，便可

在預約時段前往辦證大廳辦理。

辦理時需要遞交填寫好的申請表、照片，以及出示有效香港身份證，按 5/10 年證收費 ￥230/350。一般 7 個工作日便可拿到。因為費用等相關細節偶有變動，在真的需要補辦時，建議再在出入境服務號上查閱最更新的資訊。

（2）回到香港後再補辦：

很多時候都是臨出行需要用到證件時，我們才發現證件丟失或過期。例如計劃返回香港，在關口時才發現證件問題。現時**羅湖、皇崗、福田、深圳灣、港珠澳大橋的口岸，均設有港中旅營業點可以辦理一次性通行證**，可讓持證人在三個月有效期內出入境一次。不同口岸營業廳的辦理收費不同，幾十塊到幾百塊不等，例如羅湖口岸出境營業點的收費是 ￥200（包含照片費用）。一般情況下上午辦理，下午就可以拿到證件過關回到香港；下午辦理，則翌日上午可以拿證。可以幫助港人儘快過關，最小限度地影響原計劃行程。

回到香港後，就可在香港中旅的證件服務中心網站上預約補辦正式回鄉證了。製證需要 12 個工作天，加錢加急最快可 5 個工作天拿取證件。

(3) 二維碼臨時通行證：

2025 年 3 月中國出入境管理局宣布了便利港澳台居民的措施，若港人在內地遺失或忘帶回鄉證，又需要在內地範圍內乘搭高鐵、飛機或入住酒店時，可在「移民局 12367」App 或者微信 / 支付寶小程序，免費申請電子版港澳台居民來往內地（大陸）臨時通行證，用臨時通行證上的二維碼供相關部門查驗。有效期 7 天，每個月可申請兩次。但請注意此二維碼不能作通關用途。

根據西 DorSi 的實測，香港周邊城市的相關人員通常會熟悉此新政策，會立即完成查驗；但其他城市的人員普遍尚未了解，在查驗時可能還需要提供其他資料以作證明，例如舊證照片，訂單信息等等，建議預先準備好以節省處理時間。

所以即便是在內地使用證件的頻率低一些，也還是建議你在注意隱私安全的前提下帶備證件的副本，比如回鄉證、居住證、香港身份證的照片，以備不時之需。

在內地遇事
如何求助或投訴？

在世界任何一個地方都一樣，總有可能遇到意料之外的事情。內地生活、工作或旅行時，我們可能會遇到突發狀況或一些不愉快的消費體驗，需要投訴維權。熟悉內地各類緊急求助、生活諮詢及投訴管道，可以讓我們更快速獲得支援及解決問題。

緊急情況求助方式

有別於香港的 999 萬能緊急電話，內地不同情況下有不同的緊急求助號碼。

1. 報警求助

緊急報警電話：110（刑事案件、人身安全威脅、交通事故等）

非緊急警務諮詢：各地公安局電話（如深圳 0755-84466000）

香港警務處「境外求助熱線」：+852 1868（可轉接內地警方）

如果想親身到公安局報警，盡可能到管轄事發地點的相應分局。因為內地的公安局劃了不同片區，直接到負責的分局會大大提高效率。有時未必距離最近的分局就是負責分局，可以先撥打警務諮詢電話確認一下再前往。西 DorSi 就有親身經驗，在報案時，警務人員則建議盡量以電話形式報案，效率會最高。

2. 醫療急救

急救電話：120

接通電話後，調度員會詢問關鍵信息，需要清晰說明事發地點、傷病情況、患者人數和基本狀況，以及聯繫方式。救護車來到後會做初步評估和現場急救，根據病情建議送往最近的合適醫院，或者可以主動要求送往某個醫院。與香港不同的是，內地救護車是需要收費的，通常會視乎距離和急救項目而定，約 ￥100-500，且需要現場支付。

如若 120 無法接通或延遲，又或者在緊急情況真的記不住這麼多緊急求助號碼，其實也可撥打 110 說明緊急醫療需求，向警方尋求協助送醫。又或者自行叫車，再或者向周邊單位（如酒店 / 社區）求助。

3. 火災或緊急救援

消防報警電話：119

煤氣洩漏等危險事故：可撥打 110 或 119

火災事故、燃氣洩漏、人員被困、危險化學品事故、水域救援、動物威脅，這些緊急情況都可以撥打 119 向消防員尋求幫助。

非緊急諮詢與生活幫助

在香港，市民可透過 1823 聯絡中心向政府求助，而內地也有類似的熱線服務——12345。這條熱線是 24 小時響應，除了可作投訴之外，亦可作諮詢用途，類如社保、住房、法律等問題；甚至是消費者權益相關、鄰舍糾紛等都可以通過這條熱線反映及投訴。例如筆者們的朋友曾以居住證身份購買主題樂園門票團購優惠，及後主題樂園私自修改條款，令居住證失去優惠資格，筆者朋友向 12345 投訴後，短短數日便獲主題樂園回覆已回復原有條款，可見 12345 熱線效率有多高。其實 12345 服務承諾為：諮詢類事項 1-3 個工作日內答覆；投訴類事項 5-15 個工作日內反饋；緊急事件即時回應並聯動處置。

另外針對消費投訴與維權，還有一條專門的消費者投訴舉報熱線——12315（市場監督管理局，適用於購物糾紛、詐騙等）。除了電話熱線，全國互聯網平台包括網站、手機 App、微信公眾號、微信小程序，也是以「12315」命名。加上之前提到的每年備受關注的「315 晚會」，也令到「12315」這條熱線深入人心。

如果你是在網上平台消費遇到問題，例如網購遇到商家貨不對版，或者用平台叫網約車司機態度惡劣等等，除了可向官方相關監管部門投訴舉報外，根據筆者經驗直接向該平台投訴這個商家或司機，讓平台出面解決問題，效率會更高。投訴如屬實，平台為表歉意，甚至會主動向你作出賠償呢！

小貼士

在電話求助或投訴時，接線員會優先以普通話溝通。如果你不諳普通話，在廣東話較普及的地區可嘗試詢問能否轉接去粵語接線員，也可以尋求身邊人幫忙翻譯。除了撥打電話外，也可以關注／善用網上官方渠道，例如公眾號、服務號等，選擇在網上以文字形式溝通。不過要留意，部分公眾號需要以身份證或居住證登入才能使用。

如果你對於所面對的困難毫無頭緒，或者想找真人面對面溝通求助，其實各個社區均設有類似香港社區服務中心的「黨群服務中心」，可以用地圖 App 查找就近的中心地址，嘗試尋求那裏的職員協助。此外，該中心通常亦提供社區圖書館、自修室、文件打印等便民服務，亦會定期舉辦各種活動供市民參加。

Chapter 4

生活及文化篇

可以請「工人姐姐」嗎？

「星期日邊度最多菲律賓人？」這句「爛 Gag」可能流行了至少 30 年，皇后像廣場可能繼續是最多菲律賓人的地方，菲律賓本土除外。話說回來，香港家庭一向都很需要「工人姐姐」的協助，包括照顧小朋友或老人家。

根據香港入境事務處的數據，本地外傭人數近年一直維持在 30 萬以上，佔所有勞動人口的 8.8%。在有 12 歲以下兒童的家庭中，便有 31.9% 僱用外傭，而港府預計在 2047 年更需要 60 萬名外傭，才能滿足安老服務的需要。

莫說外傭辭職不幹，外傭回老家放假兩星期，要自己打掃、煮飯和洗碗，對很多聘用外傭的家庭來說，簡直是一場小型災難。事實上，香港很多雙職父母，可以繼續上班賺錢之餘，還可以健身和「扮靚」，背後離不開外傭對家務的支援。移家北上除了考慮居住等必要事項，也有可能考慮到家庭傭工的安排，聽說內地也可以聘請外傭，是真的嗎？

外傭在內地合法嗎？你要知道的潛在「伏位」

現時，**在內地暫沒有合法途徑聘請外傭**，包括菲傭和印

傭。根據中國勞動部門頒佈的「外國人在中國就業管理規定」，外國人來中國就業，**必須有明確的聘用單位**，且事先應由政府審批。由於「個人」或「家庭」不算是單位，自然就不能聘用外傭幫忙家頭細務了！所以，如果在內地聽説有香港家庭可以聘請外傭，或説可以協助你聘請外傭，基本都是不合法，或者是巧立明目，以培訓機構或公司名義聘請導師，舉例説這位導師來自菲律賓，但實際是去了某個家庭工作。基於擅自僱用外傭是不合法，僱主有可能被罰款和承擔遣送外僱回國的所有費用。

舉例説，有一位香港的中年朋友，他的年老父母退休後移居內地，這位中年朋友經常香港內地兩邊走，自己在香港用慣了外傭，回內地照顧父母時都想把外傭帶上，以便多個幫手做家務，試問這個情況可以嗎？首先，外傭是可以跟隨僱主出入內地，惟需要申請簽證並遵守有關的限制，包括在內地的停留時間，另外是不能在內地工作。換言之，你請你家的工人姐姐到內地遊山玩水是可以的，但幫忙做家務則隨時觸犯法例。所以，除了長期移居內地，經常來往兩地的朋友都要多加注意了。不過，移家北上若沒有了外傭，生活豈不是天翻地覆？

內地聘請「家政」

其實，**內地是有「家政」可以僱用的**，而且內地家政較為細分，有鐘點工、護工、保姆、月嫂等等的選擇。家政工除了可以是熟人推薦，主要還是靠中介，即家政公司幫忙。而臨時短期的鐘點工還可以到京東、美團等 App 下單，部分甚至會在內地社交平台宣傳，讓客戶直接跟其聯絡，免卻中介費用。

西 DorSi 曾經聘請鐘點工，2 小時深度清潔約 ￥100，但效果一般；上門的阿姨只做表面清潔，達不到「深度清潔」的要求，臨走時還開口要求五星好評；但也有親友定期聘用鐘點工，他們的反饋都很滿意，因此是否能聘用比較熟練的家政工全憑運氣。當然即使不幸碰上不滿意的臨時鐘點工，其實問題不大，**即時向客服反映要求下次換一個即可**。

除了處理基本家務的普通家政工，內地的家政公司也能提供較為專業的家政工，而且劃分的類型較多。以照顧 BB 為例，除了普通保姆，亦有對應香港的「陪月員」，內地稱為「月嫂」，兩者工作範圍大同小異，主要負責照料媽媽和初生 BB。此外，還有「育嬰員」，近年更有「兒童陪伴師」等。其中育嬰員以照顧 BB 為主，包括餵奶、觀察 BB 大小便、護理 BB 皮膚、早教等。兒童陪伴師則負責 2 歲以上兒童的成長陪伴，不過有學歷、學識、語言和情商等要求。

月嫂、育嬰員等都需經過培訓和考證才可以上門服務（內地稱為「上戶」）。香港的陪月員證書是統一由培訓機構「僱員再培訓局 ERB」頒發，而內地的母嬰護理相關證書除了由人力社會與資源保障部門指定的第三方頒發，各家政公司亦會提供各種培訓證書。當中以人社部備案的機構頒發的「職業技能等級證書」的認可度最高，證書亦可以在網上查到。專業知識和技能愈多的家政工，薪資亦較高。內地的普通住家保姆薪資，月薪是￥4,000-6,000，而月嫂薪資達 ￥10,000 以上，育嬰員普遍薪資是 ￥6,000-10,000，兒童陪伴師則可高達數萬元，具體視乎學歷及經驗。

除了鐘點、保姆、照顧 BB 的家政工，內地也有其他具備一定專業技能的家政工，以提供特殊照護服務，例如醫院陪護、老人護工等。服務類型多樣化，以滿足不同家庭的需求。

注意「家政」的生活習慣和需求

香港聘請工人姐姐需要有空間供其居住，內地則沒有相關法規要求，**家政工是否「住家」全看僱主意願**，甚至可以毋須提供獨立居住空間。筆者有朋友聘請育嬰員，由於家中沒有空餘的客房，因此要求育嬰員做「廳長」，睡在客廳梳化上。而「不住家」的家政工，若在當地並無居所，通常會入住中介公司提供的宿舍，或者自己在附近租房。因此部分家政工可能會要求提供租房補貼，價格由中介公司及家政工釐定。有一位聘請「不住家」育嬰員的深圳朋友，就要每月多付 ￥500 的租房補貼。

另外，內地各省市都有不同程度的文化差異，**不同地域的飲食習慣、口味、口音、生活習慣皆有所不同**。例如來自湖南的家政工，可能會比較喜歡吃重油重辣的菜品；而來自廣東、廣西與香港的文化差異較小，甚至可能懂得説廣東話，來自這些地區的家政工對港人來説會更容易溝通和一起生活。

家政公司介紹家政工的流程

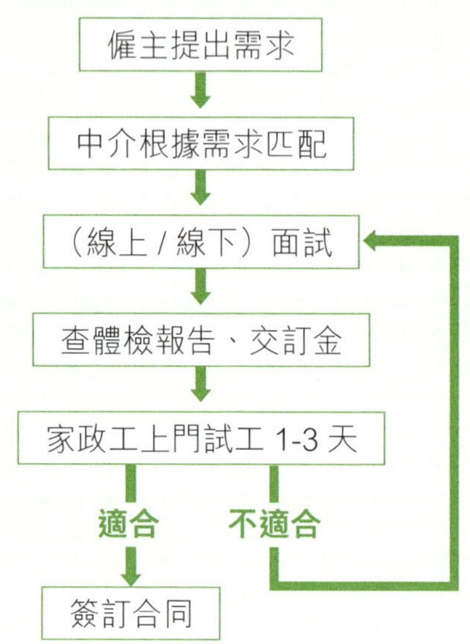

建議提前半個月開始面試，以預留充足時間選擇合適的家政工。訂金通常是 ￥2,000 左右。確定聘請家政工後，僱主需繳服務費給家政公司，費用由**首次匹配費**、**年（月）服務費**及**保險費**構成，而具體首次匹配費、服務費由各家公司制定，並無統一標準；保險費是為家政工購買的上戶保險，通常包含人身險和財產險，費用 ￥200 以內。舉例筆者朋友選擇在深圳某家政公司聘請育嬰員，三方簽約一年合同，服務費是 ￥7,800，其中包含首次匹配費 ￥1,800、保險費 ￥120；若聘請的阿姨**不符合要求可無限次更換**，若需終止服務可申請部分退款。

薪資是由僱主直接支付家政工。薪資通常以 26 日結算，一個月放假 4-5 天。不過多數家政工會跟僱主協商「補水」而不休假；而主要家庭成員住在較偏遠城市的家政工，往往會要求將休息日集中在大時大節時一起放。一年的 13 日法定節假日分別是春節 4 天、清明節 1 天、五一 2 天、端午 1 天、中秋 1 天、國慶節 3 天、元旦 1 天。這些日子大家可特別留意和早作預備了。

小貼士

1. 內地家政公司數目多不勝數，找家政工務必作多家對比（至少兩家），了解清楚服務費的構成，以及終止合約的退款規則、是否能先試工後簽約等。

2. 家政公司除了會在住宅區開設門店招徠生意外，大多亦會透過社交平台宣傳。如你欲在北上生活前先行聘請家政工，可在網上尋找家政公司，並在網上進行面試。

3. 僱主列明需求、面試時也務必再三強調工作內容，避免家政工上戶後出現不配合的情況。

4. 注意財產安全，若家裏有安裝監控鏡頭，請在面試時説明。業內普遍接受監控，若不接受的家政工通常就不用考慮了。

內地生 BB 要識「月子公寓」？

年輕家庭習慣了在內地生活後，想計劃生 BB？為孩子考慮讀書或升學等重大問題前，第一個「難關」可能是「坐月」，特別是身在內地，而且沒有「四大長老」支援的情況下。

提到「坐月」，香港流行僱用「陪月姨姨」上門幫忙，但收費有點兒「海鮮價」，從 $15,000 至 $40,000 不等，視乎經驗等條件而定，而且是日間為主，希望全天候 24 小時的話，不只是「加錢」問題，而是一個「陪月姨姨」從早至晚 24 小時工作，你真的放心嗎？分開招聘日間和夜間，二人又好像重疊了工作。另一邊廂，香港家庭的空間一般不大，多一位「陪月姨姨」在家過夜，體驗不一定很好。而且，僱用「陪月姨姨」很講運氣，如果請到一些不負責任的，真的會陷於兩難——請她走變成沒人幫手，不請她走就自己受氣，全因這個模式是個體化經營，對消費者而言，實是難有保障。

李澄幸有兩名女兒，太太坐月一次，平均盛惠 $6 萬以上，當中前後招聘過 4 位「陪月姨姨」，有兩個表現相當差，一個平平，只有一個是良好的。順帶一提，$6 萬只是「陪月姨姨」的工資而已，未包括提供食宿成本等雜費。除了「陪月姨姨」，香港也有月子中心，但並不普及，收費也更貴，那內地的情況又如何呢？

深圳趨勢：月子中心「一條龍度假式服務」

在內地生 BB 後坐月，同樣可以聘請「陪月姨姨」，但到月子中心已成大趨勢。**月子中心是專為產婦和新生兒提供護理服務的機構**；與香港動輒 10 萬以上費用的月子中心相比，內地月子中心在價格上有一定的優勢。其普遍收費是 ¥2 萬左右起跳，中高端一點的則介乎 ¥6 萬至 ¥30 萬不等。收費主要由四大板塊構成：居住環境、BB 護理模式、餐飲和產後康復，價位的差異亦由此產生。

居住環境類型普遍是公寓式、酒店式，也有庭院式獨棟建築，甚至有別墅；以酒店式為例，通常是將酒店整層承租再作改建，房型有基礎房（單間）、開放式套房、套房等，面積愈大收費愈高。

寶寶的護理員分為月嫂（即陪月員）或是具大專學歷的護士，而護理模式再細分為 12 小時 / 24 小時一對一，或是集中託管。當中以 24 小時一對一的價格最高，護理員會 24 小時貼身照顧產婦，並會在房間內休息及睡覺。

月子中心的餐飲大多以清淡為主，收費較貴的通常在食材方面會高端一點，例如在坐月後期會提供比較進補的花膠、海參等，但次數有限，數量也有限，因此筆者認為餐飲方面不必抱太大期望。

產後康復是月子中心最賺錢的「命脈」，每個項目收費四至五位數不等，較貴的「套餐」通常包含的產康項目也較多，例如通乳、香灸、推拿、瑜珈、中藥等，甚至會再向產婦推銷其他康復套餐。價格較高的月子中心還會安排正規醫院的兒科醫生、產科醫生，或者中醫師等，定時巡房及提供支援。

不過由於月子中心內並任何無醫療器材，如媽媽或 BB 在坐月期間有就醫需求，例如傷口拆線、治療新生兒黃疸病等，就需要自行前往附近的公共醫院就醫。

香港家庭也可享用內地的月子中心嗎？

本書雖然以移居內地的家庭為出發點，但這裏也想提一提，隨着兩地融合，現時香港媽媽到內地坐月也不是沒有可能！皆因現時新生兒也可「極速通關」。

新政策：

BB 出院當日可辦齊證件過關，以下是相關的流程：

- 待香港醫院上傳嬰兒出生信息後，隨即網上預約辦理「出世紙」；
- 出院日辦出世紙 + 帶同嬰兒辦理回港證 + 預約回鄉證；
- 帶同 BB 辦理回鄉證：
  - → 憑回鄉證回執到關口辦理「臨時一次性回鄉證」（出入境通行證）過關，或
  - → 辦理加急，次日 16:00 取證（領證僅限港島證件服務中心）

小貼士

結合 2024 年年底推出的新政策，「理論上」BB 出院當日便可辦齊證件過關到內地坐月，但根據筆者多位朋友的實際操作經驗，出院當日過關是需要「天時地利人和」配合的！

1. 香港只有私家醫院才可滿足 BB「出生後次日」上傳信息這個首要條件，公立醫院則最快要等到 BB「出院後次日」才會上傳；筆者有在香港公立醫院生育的朋友，在出院後等了 2 天才能成功登入預約辦理「出世紙」的系統，並發現最早可供預約的日子為 2 個工作天後；
2. 出院當日必須是工作日；
3. 如 BB 出生後部分數值不正常，例如黃疸值偏高，醫院可能會要求嬰兒出院後回來覆診，打亂北上坐月的計劃；
4. 辦理回鄉證需要 BB 出世紙號碼，因此需要辦理出世紙後才能預約辦理回鄉證，但辦理回鄉證當日是否尚有籌號亦全憑運氣；
5. 必須在口岸出入境辦證室的辦公時間內趕到！

因此大部分朋友若想到內地的坐月中心，大多選擇在私家醫院分娩，除了可以選擇剖腹生產的日期，亦能以最快速度預約辦理出世紙。即使最終未能如期在出生當日北上坐月，仍可選擇在第二天領取 BB 的加急回鄉證後才過關，減少產婦及 BB 在關口等候辦理「臨時回鄉證」的時間。

目前辦理香港新生兒「臨時一次性回鄉證」的口岸有羅湖、皇崗、蛇口及深圳國際機場口岸（包括福永碼頭）。關於辦理證件時是否需要媽媽和 BB 下車親臨，請留意各個口岸有不同要求。

近期內地月子中心針對香港媽媽提供的服務越來越多，比如陪護員到香港陪伴媽媽、專車接送等。不過內地陪護員到香港陪護必須有工作簽證，若月子中心無法提供工作簽證則屬違法，媽媽們應拒絕；而套餐包含的專車服務通常只限本地，若月子中心表示可協助安排另行收費的跨境專車服務，媽媽們亦應先行了解該服務是否合乎香港法例。

溫馨提示：嬰孩滿月後自然可以出去「行街街」，不過記得一點，就是香港商場的育嬰室多數以家庭為單位去設計，容許爸爸入內；但內地商場一般稱為母嬰室，甚至會明確標明「僅限女性使用」，這個設計上的根本差別，突顯出爸爸在內地單獨照顧小朋友時可能面對的不便和尷尬。不過，最近深圳福田區一座港資商場將場內母嬰室更名為育嬰室，希望推動育兒責任去性別化，且看未來會否成為趨勢；但現時市面上「母嬰室」仍佔大多數，爸爸們記得留意了。

如何挑選具「香港味道」的學校？

提到生兒育女，為人父母肯定關心子女的未來和發展；教育問題可能是抉擇應否回內地工作或創業的另類「阻礙」。香港家庭移居內地後，子女至少有三個入學路徑：公立學校、港人子弟學校以及國際學校等。雖説絕對不會「無書讀」，不過很多家長也會關心以下幾個問題：

1. **普遍內地學校的英語教學佔比較香港少，英文會否因此而退步？**
2. **擔心簡體字和繁體字的問題，以及會否有一些文化差異？**
3. **是否有合適的 DSE 課程，未來回港也可「無縫銜接」？**

基於兩地融合的大趨勢，以及 DSE 課程的優勢，除了香港家長，也有不少內地家長希望子女可以報讀 DSE 課程，所以近年內地多了一些機構或學校提供 DSE 課程，不過家長宜慎選，特別是深圳曾經爆發過「爆雷事件」：據説一所專門提供 DSE 課程的學校，招生才一年就出現財務困難，連老師的工資都發不起。其實，學校「爆雷」對香港家長可能不陌生，2025 年本地也發生過類似事件：黃竹坑的私立學校漢鼎書院，據報由於營運不善，欠債約一億元，其中涉及建校債券的償還問題；家長指子女退學後，未能贖回債券，部分已向警方報案。人到他鄉，更應審慎。學校營運不穩定，是會影響小朋友的學習和前途的。

就內地舉辦 DSE 課程的學校而言，如果能獲得香港官方認可，相信更為可靠。現時香港考評局認可的 DSE 內地考點的學校共有 4 間，分別是**南沙民心港人子弟學校**、**廣州暨大港澳子弟學校**、**東莞暨大港澳子弟學校**及**深圳培僑書院龍華信義學校**。其他值得留意的元素或配套，當然還包括辦學團體的歷史和背景等，惟教育是個人化的事情，為更深入了解，筆者親身拜訪過深圳培僑書院龍華信義學校，實地了解香港小朋友的學習環境，從主觀角度進一步分享。

親身觀察（一）校園設施及硬件一流

踏入校園的第一個感覺是「大」，翻查資料發現深圳培僑書院佔地約 4.5 公頃，比香港嶺南大學還大一點，相信絕少香港中小學有如此大的校園。除了教室、圖書館等基本硬件外，校內還有一個可以容納 3,000 人的大禮堂，以及數個劇場和演講廳。運動設施眾多，包括籃球館、室內泳池、網球場和足球場等。

親身觀察（二）選擇多元並具文化包容性

小學部設有內地課程及香港課程，中學部則設有內地課程、香港課程和國際課程，對應不同學生的升學規劃。

所有課程都重視英語應用和環境，筆者參觀時就發現體育老師是用英語進行教學的，圖書館內有大量的英語書籍，校園內的設施及告示等都是雙語展示。學生在上課以外，可用粵語、普通話和英語隨意交流。

親身觀察（三）銜接中學香港課程且感覺「地道」

中學部（香港課程）除了按照香港教育局的課程框架和課程目標而設，讓學生應考 DSE 外，筆者認為整體配套也是相當近似香港校園。首先，相關課程是由香港老師執教，在學校參觀時，亦發現有學生會、校園電視台、「四社」體育模式（分別是紅、黃、藍、綠四色），中學時候的回憶馬上回來了。

小貼士

整體而言，雖然身處內地，但這類學校的教學感覺和香港仍是相對接近的，當然家長需要自行參觀和判斷。另外，筆者也想提及一些潛在的差異。基本上，香港中小學是沒有「寄宿制度」的，所以在內地選擇學校時可留意是否「留宿」。以深圳培僑書院龍華信義學校為例，便是一所寄宿學校，而且校風比較嚴謹和有紀律，舉例説星期一至五是留宿的話，家長想帶子女外出，是需要申請事假的，而且不一定批准，例如慶祝爺爺生日就未必是一個好理由了。另外，對於電子產品的管理也十分嚴格，學生不得攜帶電子產品，包括手機，進入校園，學生要聯絡家長，便需要通過學校的電話。這些都是香

港家長（和子女）需要適應的小細節，挑選學校時記得多問一些「校規」了。

另外，有留意財經新聞的或會聽過，香港交易所的其中一家知名上市公司「新東方」，曾經是中國教培行業的龍頭，但因為「教育雙減」的政策而重挫，及後要轉型做「直播帶貨」。「雙減」政策指「減輕義務教育階段學生作業負擔、減輕校外培訓負擔」，是出台於 2021 年的教育政策，直到現時仍然生效，故理論上香港家長是很難在內地為孩子找到補習班的。不過，正如新東方做直播帶貨之餘可以順便教英文，內地也有一些托管服務因此而生，也許可輕輕輔助一下功課，但補習文化肯定不如香港，家長們要有這個心理準備，甚至可能要靠自己了。

生病了如何看醫生？

移居不同於去旅行，在一個地方住得久，總會有一些生活問題要面對，其中一個最令筆者不習慣的，就是「睇醫生」；在內地看病，整個流程和體驗跟香港大不同，以下是一些主要的差別。

一般來説，在香港看醫生有三個大方向，最基礎是家庭醫生，包括私人執業的或「睇街症」（如賽馬會診所），一般小病痛多是到這類診所就醫。往上是專科醫生，看實質需要並由家庭醫生轉介，比較嚴重的才會去醫院。內地的分類則不太一樣，基本上是兩個方向，第一種叫社區健康服務中心（簡稱「社康」），功能類似香港的「街症」，目標是覆蓋基礎診療；另一種就是醫院，**內地醫院有點像香港家庭醫生、專科醫生和醫院的「混合體」**。根據筆者的觀察，民眾對醫院的信任度較高，比較多傾向去醫院求醫。此外，民眾可以直接預約專科，毋須轉介信。

提到去醫院，特別是公立醫院，大部分香港朋友都怕怕，皆因急症室的輪侯時間可以超長，通常都是登記後「坐定定」等叫名，進程如何，難以控制。內地的醫院則有所不同，基本上全程網上操作，對於時間的管理也比較有預算。基於不少身處內地的香港朋友都希望尋找

「港式醫療」或「港式管理」，以下是香港大學深圳醫院的預約流程展示：

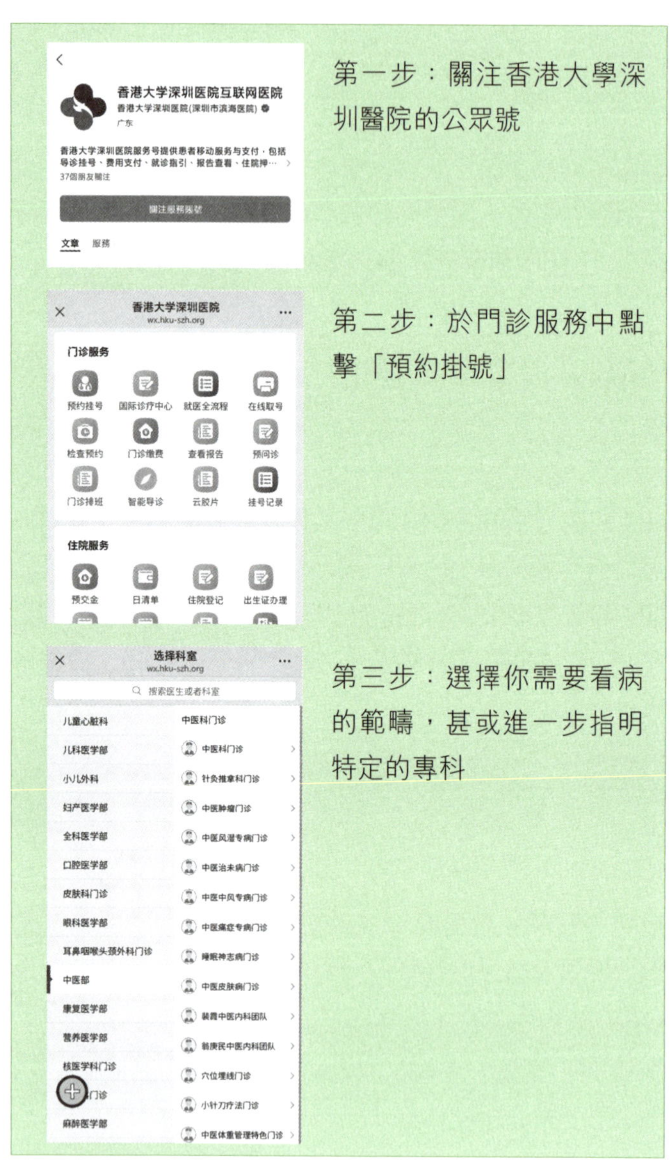

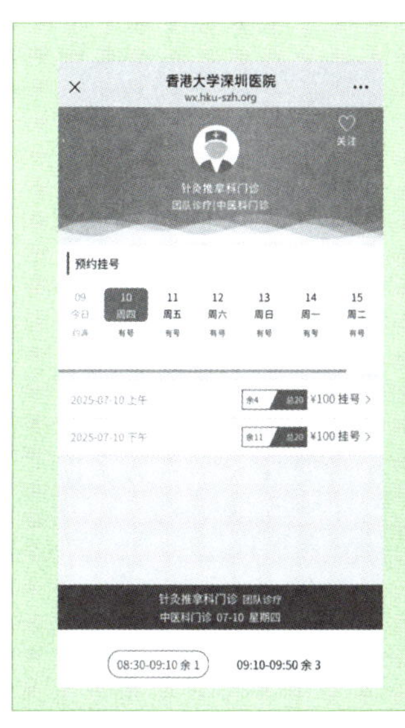

第四步：選擇日期和時間，再進行線上支付。及後，按你所預約的時間去到醫院，再到指定的科室門口掛號，看屏幕叫號即可。

整體來説預約流程是便捷的，不過必須提一提，以上演示的不代表全部醫院的預約流程，筆者試過到其他醫院，有部分的網上系統是不接受「回鄉證號碼」進行首次預約的，但當你曾經就診，及後就可以利用「病歷編號」進行覆診的預約。

順帶一提，內地醫院是有級別之分，很多香港朋友可能聽説過「三甲醫院」。「三級甲等」是中國《醫院分級管理辦法》中「三級六等」等級劃分中的最高等級，反映該醫院在等級考核的 1,000 分中獲得 900 分以上；而三級乙等及三級丙等則分別需要獲得 750－900 分及 600－750 分。以上提及的香港大學深圳醫院便是三甲（三級甲等）醫院之一。

大部分的香港朋友都會選擇三甲醫院，要求更高的話會選擇三甲醫院的「國際部」。「國際部」最初是為外籍人士設立的醫療部門，但隨着經濟發展，現時也面向內地高收入的族群。「國際部」的服務較好，類似香港的私家醫院，病房有單人間或套房，醫護團隊的級別也較高，甚至有多種語言的翻譯服務。當然，收費也較貴，內地的社會醫保通常是不覆蓋的；希望有保險理賠的話，就要靠保險公司的個人醫保了。

如有需要在內地就醫，入住前可留意當中的差別：

細節（1）：繳費的不同

基於兩地物價以及醫療制度的差異，內地看醫生，一般來説都比香港便宜，以診金為例，香港大學深圳醫院約需 ￥100。除了金額不一樣，操作上也有差別。於香港看家庭醫生，一般是診金連藥費，舉例患上感冒，拿了幾天藥，收費 $500；如果你掛號了，但臨時有事，沒有看症，即不用收費。

內地則不一樣，一般來説診金（掛號費）是在看病前已支付的。另外，在診症後，醫生開出治療方案，舉例是藥物加針灸，病人是需要先繳費，及後才拿藥和預約針灸服務，付費的順序有點不一樣。

細節（2）：對待病人私隱的不同

一般來説，香港比較重視病人的私隱，醫生診症時，會關上門，不會有第三者入內，亦不會在公開地方討論病人的病情。在內地則有點不一樣，以下是筆者的親身經驗：試過一次在醫院內需要預約推拿治療，護士指示我自行到診症間與醫師預約，甫推門內進，驚見一名女病人正在接受治療，感覺尷尬並馬上離開，卻被醫師叫停，醫師説你要預約時間的話，可等一下，現在就幫你安排。及後，筆者多次接受推拿治療，沒有一次是沒有其他病人入來診症間諮詢或預約時間的，至此就變得見怪不怪了，大家要習慣這種文化差異。

細節（3）：中西合璧

香港的主流醫院是沒有中醫部的，內地則不一樣，所有醫院都有中醫部，而且名叫「中醫院」的醫院不單有中醫，同樣是有西醫的。所以，希望大家別再誤解中醫院，中醫院是以中醫藥診療為特色、兼顧現代醫學技術的綜合性醫療機構。中醫院的西醫主要服務於急症、外科和部分重症科目。另外，也會有中西醫結合的醫師，即同時具備中醫和西醫的資格。其核心定位是「中醫主導、中西醫結合」。

小貼士

西 DorSi 發現了一個有趣的現象，內地醫生對病人斷症，通常比香港醫生嚴謹，一些小病都會建議做詳細的身體檢查。舉例，有朋友曾試過感冒，醫生建議他照 X 光，開支增加了一千多元。另要留意在內地花錢做身體檢查，有時回到香港未必用得着，一來香港醫生是否認可該報告是一個課題。另外，也有一些技術上的問題，因為內地的身體檢查報告，多數以微信小程序發送給病人，而某些醫院的微信小程序在偵測到香港的 IP 位置時，有機會打不開。所以，若打算回港後參考這些報告，最好記得預先儲存了。

在香港，若只是日常小病痛，大家未必會去看醫生，可能會到超市、便利店或藥房購買成藥。內地的超市和便利店則是沒有藥物售賣的，要買藥就必須去藥房。那藥房是不是更專業？也不一定。筆者的親身經歷是在內地藥房買藥，總會有人向你提供意見，舉例某藥物必須搭配某藥物才有效，但細問之下，發現對方不一定是專業的藥劑師，而可能只是一位銷售人員而已。大家買藥時要注意了，如果需要意見，記得諮詢專業人士。

你必須安裝的 App？

如果選擇移居內地或需要在內地居住一段時間，除了基本的衣食住行，日常生活中很多方面會用到各類 App。內地和香港因為網絡環境和文化習慣等等的些許差異，大家所習慣使用的 App 也會不太一樣。

通訊社交與辦公

在內地，「**微信**」是最核心的社交工具，地位就等同香港慣用的 WhatsApp，幾乎每一個有智能電話的人都會使用。但有別於 WhatsApp，只需知曉對方電話號碼即可發送訊息，微信則須先互加為「朋友」才可通訊。除了聊天外，其與社交直接相關的功能還包括「朋友圈」，有點類似只限「朋友」之間瀏覽的 facebook，所以發佈到「朋友圈」上的內容通常會較為「暢所欲言」。不過請緊記任何發佈到社交媒體上的言論即代表公開言論，曾有人因朋友圈內容被截圖公開而被起底，亦有不少公眾人物曾因在「朋友圈」上「講錯説話」而引發公關災難，奉勸各位出 post 前敬請三思。此外，亦有不少機構及企業會在微信設立「公眾號」，向公眾發佈最新消息。

作為另一款老牌社交軟件，「**QQ**」在內地仍然廣泛使用。它的功能類似 Facebook Mesaenger，但更重視個性化設置，比如設有虛擬形象、興趣社群等，加上「QQ」也有自己的郵箱、音樂播放器、遊戲等等，所以仍有很多學生或玩家習慣使用它進行社交活動。

「**釘釘**」，則是職場人士在公司內部常用的辦公溝通工具，很多企業會用它來管理考勤、安排會議、傳輸文件等等。如果是移居內地工作的話，很可能會遇到公司要求使用釘釘的情況。另外根據筆者的經驗，內地並不流行使用電子郵件。即使是公司之間的商務洽談，往往亦會直接使用微信溝通及直接傳送文件。

微軟（Microsoft）旗下的辦公軟件，如「Office」、「OneDrive」、「Outlook」、「Bing」等，在內地均可正常使用，更新和同步不會受到影響。對於習慣使用「Office」的人士來講，可以無縫銜接。內地也有部分人習慣使用「**WPS Office**」，類似於「Microsoft Office」，「WPS Office」的文件格式均可以與「Microsoft Office」兼容，不過仍有機會出現排版走位的情況。

另一個遠程辦公及在線學習會常用到的視頻會議工具則是「**騰訊會議**」，類似於「Zoom」。在內地網絡環境下，「Zoom」只能加入會議，不能使用其他功能，「騰訊會議」會是身處內地時的更佳選擇。

娛樂與社交媒體

「**微博**」，類似於「Twitter」，是一個以「熱搜」話題、明星動態、新聞討論為主的社交媒體平台。雖然個人日常使用的頻率可能不如通訊社交工具來得高，但它是了解內地輿論風向的重要渠道，許多熱門事件都會在「微博」上發酵。

「**小紅書**」，類似於「Instagram」，但更偏向於生活方式分享和推薦好物「種草」。無論是旅行、美食、穿搭、美妝、母嬰育兒，在小紅書上都有大量測評和攻略分享。對於剛剛在內地展開生活的人來説，它算是一個快速了解內地生活方式的使用工具。另外基於小紅書的算法，首頁會經常推送你身處社區周邊的內容，所以也是了解社區大小事的一個途徑。

視頻與音樂娛樂

「**嗶哩嗶哩 bilibili**」（俗稱「B 站」）是很多內地人選擇看長影片的網站，類似於「YouTube」。它由專注二次元內容（即動畫、漫畫、遊戲、小説等）起家，不過經過多年發展，內容已變得十分多元，涵蓋科技、遊戲、學習、生活、旅遊、美食等多個領域。除了跟其他平台一樣，影片下方會附帶評論區供觀眾評論外，B 站的最大特色是有提供彈幕互動的功能，用戶可以在觀看影片時實時發送評論，評論會在影片上飄過，形成獨特的互動氛圍。另外由於成為 B 站正式會員需要「考試」，所以該平台無論是影片內容抑或留言的質素，往往較其他平台為高。

至於短影片（短視頻），則當然還是「**抖音**」的天下，「**TikTok**」其實就是它的國際版。它依靠強大的算法推薦，讓用戶快速刷到感興趣的內容。不過由於創作者往往以追求「呃 Like」來製作短影片，加上短影片的製作門檻亦較低，因此抖音上的影片質素會較為參差不齊，甚至有不少真實性存疑的資訊。

如果喜歡追劇或看綜藝節目的話。內地也有四大主流影視平台：「**騰訊視頻**」、「**愛奇藝 iQIYI**」、「**優酷**」和「**芒果 TV**」，類似於「Netflix」、「Disney+」等平台。它們各自擁有一些獨家版權內容，由於版權分散，許多熱門劇集和綜藝節目可能只在某一平台獨家播放，因此在內地大部分用戶都會同時訂閱多個平台。

在音樂媒體方面，「**網易雲音樂**」和「**QQ 音樂**」是內地最主流的兩大平台，類似於香港常用的「Sportify」、「KKBOX」、「MOOV」或「JOOX」。而「JOOX」其實就是「QQ 音樂」的國際版本。

由於視頻和音樂有版權的地域限制問題，例如有些能在內地看得到的節目在香港看不到，相反有些進入內地市場的電影，為符合內地廣播規例會稍作刪減內容；甚至有些節目或電影未有開拓內地市場的打算。所以筆者即使身處內地，也不會完全放棄使用在香港經常用到的影視 App。

文化活動購票

如果想看演唱會、歌舞劇、體育賽事等文化表演活動，在香港我們習慣用「城市購票網 Cityline」或者打熱線電話買票。而在內地，「**大麥網**」是最主要的票務平台，各類文化活動都可以通過它來購票。近年香港演唱會經常出現黃牛炒賣的現象，而內地為了打擊黃牛，很多活動已採用實名制購票，並且發放的是電子票，以防購票人士轉賣。

你想要的 App 何必是一個「App」？

內地其實十分流行 Super App，即一個整合了生活上眾多功能的 App，其中表表者為兩大支付 App——「微信」及「支付寶」。你可以透過這兩個 App 內置的「小程式」功能，處理日常生活中的各項大小事，包括但不限於：叫網約車、叫外賣、電話費增值、訂酒店、訂火車機票……等。

這些「小程式」其實類似 WebApp（網絡應用程式），大多是由第三方商戶自行編寫，讓顧客使用一些平時甚少用到的功能時，毋須再額外下載一個單獨的 App。以各大商場的會員積分功能為例，在香港，我們往往需要先下載各商場的 App 才能儲存或使用積分；而在內地，我們可以直接在「微信」或「支付寶」內搜尋商場名字，打開對應的小程式，即可處理上述事宜。不過由於開發「微信」的騰訊總部位於深圳，所以大灣區內有部分商場只提供「微信」版本的小程式。

另外，現時內地大部分餐廳均是透過小程式功能來下單，掃瞄餐桌上的二維碼即可打開對應的小程式。打算光顧一些咖啡茶飲店或西式快餐店時，你甚至可以在「微信」或「支付寶」內打開餐飲店的小程式來預先下單，待餐點完成後才前往店鋪取餐，毋須再下載另一個 App。

不過由於「小程式」對網絡流量需求會較普通 App 高，因此筆者建議在內地生活經常用到的功能，例如叫網約車，還是另行下載一個獨立的 App 會較方便。要留意的是，由於內地 App 大多整合了眾多不同的功能，並會有較多的內置廣告，以致較為「臃腫」，往往佔用較多的手機儲存空間及記憶體，或會拖慢手機的運行速度，所以筆者並不建議大家完全轉用內地 App。

不可不知的文化差異？

移居到新地方生活，少不免會面對文化差異，通常會經歷以下三個階段，分別是：

蜜月期：初到新環境，對新事物好奇及新穎，樂意積極嘗試不同的事物。

碰撞期：開始面對差異，包括社交和飲食等，或會有一些難以適應及不滿。

適應期：逐步理解和適應，開始建立新的生活節奏和習慣。

香港和內地雖然同根同源，但基於發展的不同，兩地在日常生活中許多細節存在着差異。香港朋友最好提前了解並有適應和融入的預期。以下是筆者的觀察，希望有助讀者們於移居前有所準備。

吸煙文化

香港控煙成效顯著，近年吸煙率持續下降，2023 年的吸煙率為 9.1%，是全球其中一個最低的地區。相反，內地的控煙措施相對寬鬆，不少公共場合都不是禁煙區。以坐高鐵為例，許多煙民會利用高鐵短暫停靠的幾分鐘，迅速跑到月台抽煙，再趕在列車關門前回到車上。因此，內地的高鐵站月台往往會「煙味彌漫」，對於非煙民來說，可選擇快速通過，若不是下車或轉車的話，則留在車廂便可。

舉一個有趣的例子，2024 年 12 月，主演《長江 7 號》的內地女星徐嬌在長沙餐廳勸阻一名室內吸煙的男子未果，因而報警；警察到場後，徐嬌卻被告知長沙室內抽煙不犯法，無法進行罰款；可見內地不同城市的政策或執行不一。事實上，光顧內地餐廳時，不少人在「禁止吸煙」標示牌下吸煙，店員並無制止，也是見怪不怪。

根據官方數字，2024 年內地的吸煙率為 23.2%，當中男性吸煙率為 43.9%。由於男性煙民比例頗高，甚至演變成內地男性之間的一種「社交禮儀」。筆者曾多次與內地人作商務洽談，第一次見面時，對方總會第一時間主動遞煙，以示友好；筆者亦有不少內地朋友在讀書時尚未成為煙民，出來社會工作後卻因為要「融入圈子」而開始吸煙。

吸煙文化盛行，亦令到內地生活時吸入二手煙的機率遠較香港為高，粗略估計一日大概等於香港一個月的吸入量。因此，倘若你並非煙民，且十分介意二手煙，日常出行或選擇飲食場所時便要多加注意了。

冷氣溫度

香港的商場、寫字樓、地鐵等室內場所的冷氣通常十分強勁，甚至有人笑説香港是「凍感之都」。雖然香港政府曾經呼籲市民將冷氣溫度調至攝氏 25.5 度，但由於港人習慣較低溫度的冷氣，因此至今普遍公眾場所的冷氣仍然設定在攝氏 20 至 22 度。

相反在內地，你就要習慣一下沒有空調的世界了。內地不少商場為了節省成本，紛紛採用全露天開放式的設計；即使是室內的商場部分，基於節能政策，空調普遍較弱。曾有營運內地國企旗下商場的人士向筆者透露，他們被要求無論當日天氣如何酷熱，空調都只能調至攝氏 26 度；而大灣區內部分較內陸的城市如廣州、佛山，夏天最高溫度經常高達攝氏 37、38 度，維持在攝氏 26 度的空調顯然沒甚麼作用，因此近年不少北上消費的港人經常抱怨內地商場「冇冷氣」。

蹲廁文化

香港的公共廁所大多採用坐廁，而內地的許多場所仍以蹲廁為主。據説使用蹲廁時需要從小學習「亞洲蹲」——做到腳掌貼地，膝蓋彎曲臀部貼近腳踝，長時間蹲下雙腿才不易發麻。由於香港人從小沒有這習慣，絕大部分人長大後已無法做出「亞洲蹲」，因而導致使用蹲廁時感到麻煩與不適應。此外，蹲廁亦對長者及膝蓋有損傷的人不太友好，以致西 DorSi 經常被觀眾問到內地哪裏會有坐廁可供使用。其實現在很多中高檔商場或寫字樓，大多都會同時設有坐廁和蹲廁，兼顧不同人群的需要；但不少檔次較低的商場、景點，以及普通餐廳，普遍只有蹲廁，如你不便使用蹲廁，生活圈可能就要避開這些地方了。

社交邊界感

社交邊界感這方面更多是筆者的個人體驗和感受。內地的社交距離會比香港近，北方的社交距離甚至會比南方的更近。比如在內地排隊時，即使隊伍不擠擁，有時也會遇到後面的人站得較近，甚至會有身體接觸。西DorSi 亦曾多次在路上行走時，突然被後面趕時間的人推開。

而在繁忙時間乘坐地鐵或巴士時，倘若車上空間不足，港人通常會選擇等候下一班列車。不過在內地，不少人仍然會選擇盡量擠上去，甚至會大力推開站在車門位置附近的人；內地人大多對此習以為常，即使被推開的人感到不適，往往亦會選擇容忍。順帶一提，內地大部分城市「先落後上」意識不強，即使是廣州、深圳等大城市，地鐵候車乘客往往會選擇一開門就立即衝上車，因此乘搭地鐵時如需下車，最好早點走到車門附近準備。

另外，香港人比較習慣寧靜地獨處，不過內地則有點不一樣。特別是近年內地短影片（短視頻）平台盛行，部分人習慣在路上觀看短視頻消遣，並將音量調高，以便在嘈雜的街道上仍能清楚聽見播放的聲音；即使進入一些密閉空間，例如升降機、高鐵、地鐵及巴士車廂等，大部分人為方便起見，並不會轉用耳機，亦甚少會調低音量，以致這些場所往往較為嘈吵。

讓座文化

雖然香港公共交通工具上的「關愛座」在網絡上爭議較大，甚至被戲稱為「批鬥座」，不過大部分香港人還是習慣將「關愛座」留給有需要的人士使用，其他人通常會選擇坐普通座位。此外，港人讓座對象亦傾向是長者或孕婦。

在內地，雖然公共交通工具上亦設有類似「關愛座」的「愛心專座」，但內地人普遍不會將該座位留空給有需要人士；另外就筆者觀察所見，內地人會傾向讓座給小朋友，多於讓位給長者。

順帶一提，雖然內地部分地鐵路線設有「女士優先車廂」，原意是分隔男女乘客，降低女性被性騷擾的風險，但實際上並不會禁止男乘客進入。

熊孩子

相信不少人會看過一套 2014 首播的內地古裝短劇《絕世高手之大俠盧小魚》，當中女演員一句：「他只是個孩子呀！」已成為經典金句，經常被內地網民挪用，以諷刺內地的「熊孩子」現象。雖然在香港，仍不時有家長因過份縱容孩子而引發網絡爭議，但在內地，或許由於大部分孩子及其父母皆為獨生子女，一位小孩由六位大人共同養育以致孩童受到過份溺愛，日常生活中遇到「熊孩子」的機率往往較香港高。

寵物友善政策

儘管內地的生活成本對港人來說相對較低，然而對大多數內地人來說，在城市居住的生活壓力卻是十分之大，導致生育率偏低。不少年青人不願生育，只願養育「毛孩」，令近年內地寵物飼養率大幅上升，這方面倒是和香港有點相似。

2024 年投資銀行高盛引用國家統計局數據發表報告，指由於內地年輕人缺乏組織家庭意願，預料至 2030 年，內地城市寵物數目將逾 7,000 萬頭，將較 4 歲以下幼童數目（料屆時少於 4,000 萬人）多出接近一倍。

寵物市場日益龐大，亦令內地商家們紛紛推出寵物友善政策以吸引顧客。有別於香港商場、餐廳大多禁止寵物入內，內地越來越多商場、餐廳均允許寵物進入，甚至設有寵物推車租賃服務。此外市面上亦越來越多一站式的寵物用品及服務店，提供寵物樂園、洗護美容、日托寄養等服務，甚至附帶寵物咖啡店，是一眾寵物主人的最佳聚腳地，對喜歡寵物的香港人來說是相當友好的。

不過必須一提，若只是計劃在內地短暫生活，而欲在內地飼養寵物的話，將來寵物入境香港時，寵物須隔離 30 日；而由香港入境內地則毋須隔離。

噪音問題

除了前文講述關於工地在深夜施工引致的噪音問題外，日常在內地生活亦可能經常面對以下的噪音問題：

- 內地司機在遇到塞車、行人或前車稍慢時，通常會頻繁響咹，甚至長按喇叭催促；
- 「廣場舞」、街頭表演的喇叭聲浪；
- 商舖的叫賣聲音；
- 欠缺隔音屏障的露天地鐵 / 高鐵軌道 / 高速公路等。

希望以上的實用信息有助大家理解和更好的適應差異，更重要是無論來自哪裏和去到哪裏，都應保持開放心態，尊重彼此的習慣，共同營造更包容的社會環境，這才是「宜居」生活的一部分。

Chapter 5

公共政策篇

是否要申請 港澳台居民居住證？

港澳台同胞在內地獲認可的證件，除了「回鄉證」，還有「港澳台居民居住證」（下文簡稱「居住證」）。為了便利港澳台居民在內地的日常生活，自 2018 年起推出了居住證的政策。所謂居住證，就是為在內地長期居留（超過半年）的港澳台人士提供證件號碼格式與內地「身份證」相同的身分證明文件，但不影響原有的港澳台居民身份。以深圳的居住證政策為例，只要在深圳居住半年以上，符合合法穩定就業、連續就讀或居住任何一項條件，即可申請。

這張居住證，除了是身份證明，亦可以取代「回鄉證」，用於辦理銀行業務、手機卡、交通購票進站、入住酒店等等情況，而且手續上會比回鄉證簡單很多。居住證持有人更可享受部分內地居民同等待遇，如社保、醫保、公積金等；子女可就讀公立學校，以及用於報考部分職業資格考試（如醫師、律師等）。

當然，申請居住證並不代表能完全取代「回鄉證」，特別在某些小城市或港澳台居民較少的城市，可能對居住證的認可度較低，最終亦只能使用回鄉證。目前筆者及身邊不少長居內地的港人朋友，至今仍未申請「居住證」，也未曾遇過任何一件單憑回鄉證不能解決的日常

事務，只是處理過程會稍為複雜。

總括而言，雖然居住證的功用未能完全等同內地身份證，不過擁有它之後，在內地遊走的確會較為方便。如果你是在內地定居，特別是在大灣區城市長期發展，尤其頻繁涉及社保、教育、出行等需求的人士，筆者還是建議你考慮申請這張居住證；而如果你只是短期停留，回鄉證就已經足夠使用。

申請流程（以深圳為例）

1. 提前在深圳公安的公眾號上預約「港澳台居民居住證申領」，填寫信息，申請人的證件號碼可直接填寫回鄉證號碼，聯繫電話建議填寫內地電話。
2. 前往辦理點提交申請文件、回鄉證（原件及複印件）、近期在深圳拍攝的居住證相片回執，以及居住滿半年的證明材料。現場會採集指紋及頭像。
3. 核對資料後會給一張領取憑證，大約需要 10 個工作天；首次申領毋須繳費，補辦或換領則需要繳納工本費。申請者可選擇郵遞到家或者到現場領取，郵遞需到付，建議選擇現場領取。

小貼士

辦理居住證所需的資料、流程算是比較簡單，但實際操作還是有一些地方需要注意。跟大家分享筆者一位香港朋友在辦理過程中遇到的問題與經驗。

筆者朋友是以提供租房合同申請居住證，而在核對是否居住滿半年的時候，除了租房合同之外，工作人員還會在系統上核查登記信息。如果是以住房合同去辦理居住證的話，務必確保所在社區的網格員有登記到居住信息，並且滿半年。否則在核查信息時遇到阻力，會影響辦理進度，甚至需要重新辦理。另外，在選擇領取證件的時候，筆者朋友選擇了郵遞到家，但在過了大半個月後，依然沒收到證件。工作人員表示他的居住證申請沒有通過，需要重新辦理；而他之前填報的電話號碼打不通，所以一直無法聯繫他。幸而電話裏工作人員馬上幫忙重新提交申請，而這次筆者朋友選擇了現場領取，最後成功領取。所以在此提醒大家盡量選擇現場領取，並且要確保聯絡電話暢通。

香港人可否買社會醫保？

生老病死每個人都會經歷，有病當然需要看醫生，在了解內地的相關制度後，繼而安排合適的醫療保險是有需要的。

內地的醫療保險大致可以分為兩大類，分別是**社會保險**和**商業保險**。顧名思義，社會保險是根據政策和法定制度而提供的，內地的社會保險體系由「五險」構成，即養老保險、醫療保險、工傷保險、失業保險和生育保險；商業保險則泛指由內地保險公司所推出的保險計劃。

甚麼是「五險一金」？

類別	項目
養老保險	提供經濟保障給退休人士，包括基礎養老金、過渡性養老金、調節金和個人賬戶。符合條件的投保人達到法定退休年齡時即可領取基本養老金。
醫療保險	補償因疾病或受傷產生的醫療費用，以減輕患者的經濟負擔。

類別	項目
工傷保險	為受傷或患職業病的員工提供經濟緩助，包括醫療、康復、工傷津貼等費用。
失業保險	提供經濟緩助給失業人士，沒有次數限制和等待期。根據累計繳費的年期不同，提供不同期限的失業保險金，或可長達 24 個月。
生育保險	提供生育期間的醫療費用報銷和生育津貼，幫助女職工恢復勞動能力，同時支持嬰兒的哺育和健康成長。

本文將以深圳作為例子，集中討論社保中的醫療保險（簡稱：社會醫保），當中又進一步分為「職工醫保」、「靈活就業醫保」及「居民醫保」，部分重點資訊（截至 2025 年 6 月）如下：

參保類型	適用人群	繳費方式	相關要求
職工醫保	受聘於內地僱主的香港居民	「單位」（公司）與個人共同繳納	由用人單位統一辦理參保，需提供勞動合同及就業登記證明。

參保類型	適用人群	繳費方式	相關要求
靈活就業醫保	自僱的香港居民	個人全額繳納	自主選擇繳費基數（¥6,733 - ¥33,666），費率 7%（含基本醫保與地方補充醫保）。
居民醫保	未就業但持有居住證的香港居民	個人繳納 + 財政補貼	按自然年度參保，繳費基數 ¥6,409 / 月，個人繳費比例 0.7%（約 ¥44.86 / 月）。

下文以職工醫保進一步説明：

單位繳費：按繳費基數的 5% 繳納（基數下限 ¥6,733，月繳 ¥336.65；基數上限 ¥33,666，月繳 ¥1,683.3）。

個人繳費：按繳費基數的 2% 繳納（月繳 ¥134.66 - ¥673.32，隨基數上下限浮動）。

基本上，「基數」與工資水平掛勾，高薪會相對供款多一點。以基數下限來説，個人年繳約 ¥1,616，從價格上看，比香港保險公司的保險便宜。另外，只要購買了社會醫保，香港人將與內地居民一樣，可憑社保卡得到醫療保障，在內地看醫生的金錢煩惱大大降低。

順帶一提，申請內地的社會醫保，是可以用回鄉證來綁定的；留意在預約醫療服務時，可能不能使用電子醫保和在線上掛號，需要到現場用社保實體卡來掛號和繳費，碰到這個問題的朋友，可以到醫院現場查詢。西 DorSi 就此問題曾經諮詢過相關機構，表示是系統的問題，未來將會改善。至於，在申請居住證後，是否應該改用居住證號碼綁定更好呢？及後得知如改用居住證，系統會產生新的電腦號，前後處理可能需時 1 個月。故此，如果未來系統順利升級，問題已改善的話，相信就沒有必要改為綁定居住證號碼了。

香港保險「去或留」？

2025 年香港醫療通脹預計達 9.8%，高於全球平均。通脹不只體現於醫療賬單，所謂「羊毛出自羊身上」，香港醫療保險的保費也是年年有機會上調，換言之保費的支出是持續上升。如果香港人在內地已經購買了社會醫保，是否可以放棄香港的醫療保險，以節省生活開支呢？

考慮點（一）：了解內地社保的限制

內地社會醫保是一項基礎保障，其特點是沒有健康及財務核保要求，機制上是保證續保，這是其獨特的優勢；然而，在使用上有一定程度的限制。內地醫保的保障範圍只覆蓋內地，即如果希望在香港就醫，則未能賠償了。某程度上，這局限了你選擇醫院的自由度。另一邊廂，如利用社會醫保在內地就醫，藥品的使用也存在限制，在內地被稱為「三目錄」，即藥品目錄、診療專案目錄、醫療服務設施目錄。「三目錄」類似香港的「藥物名冊」，目錄分甲、乙、丙三類，甲類 100% 報銷、乙類部分報銷、丙類需自費不能報銷，例如治療癌症的標靶藥。

考慮點（二）：客觀評估自己的狀況

每個人的情況都不一樣，但都應該問一下自己，是否已嘗試過內地的醫療服務？未來是否有可能回香港就醫？甚至重新搬回香港居住？如果回到香港居住又已經沒有了香港的醫療保險，不幸有病而經濟狀況不太寬裕的話，就只能輪候公立醫院了。另外，也要審視自己的身體狀況；取消香港的醫療保險之前，應先考慮自己是否有條件重新投保？隨着年齡增長，可能已有一些傷病記錄，對新承保的保險公司而言，當準客戶的潛在風險高，核保時或會需要徵收附加保費、保單條款中加入不保事項、減低保障金額、上限、範圍等，甚至拒絕承保。

考慮點（三）：香港保險於內地的適用性

以香港的自願醫保（標準計劃）為例，提供全球性住院醫療保障，涵蓋內地所有合法醫療機構，可根據條款進行「實報實銷」。惟保險產品五花八門，比如說自願醫保靈活計劃及其他類別的醫保，不排除當中某些保險有地域上的限制，又或者在「指定醫院名單」外就醫，賠償金額可能會打折。所以，最好是向保險公司查詢清楚，避免繳了保費但沒有換來自己心目中的服務。

小貼士

除了醫療保險外，隨着北上消費成風，很多香港朋友也有購買「全年旅遊保」，這個大家也千萬別忘記檢視。一般來説，全年旅遊保險針對每次旅程的最長保障期只有 90 至 100 日，超過保障期後所發生的意外和損失可能不會受到保障。舉例，你購買了一份最長保障期是 90 日的旅遊保險，而你在內地「遊山玩水」超過了 90 日，保障便會失效，甚至有可能影響整份保單的有效性。另外，若長期定居內地，且鮮少往返香港，可能被視為「常住」而非「旅行」，部分保險條款可能拒賠。總之，為保障自己的權益，記得諮詢你的保險公司。

香港人在內地工作或創業的政策優惠？

近年來，隨着粵港澳大灣區建設的發展，內地各城市紛紛推出針對港澳人士創業就業的優惠政策，當中涵蓋稅收減免、薪金補貼、住房支持、簽證便利等多個方面。雖然不同城市的政策細節有所差異，但整體思路都是一致：降低港澳人士在內地發展的門檻，提供更多便利和扶持。其中粵港澳大灣區內的深圳前海、廣州南沙、珠海橫琴等區域因定位特殊，扶持力度較大，筆者接下來會引用這幾個地方的政策來說明。

稅收優惠：減低創業和經營成本

稅收優惠是最直接的扶持方式。很多城市或地區對符合條件的港資企業或香港創業者**提供企業所得稅、個人所得稅的減免政策**。例如，深圳前海允許港人享受 15% 的企業所得稅優惠稅率，這樣對比起內地普遍的 25% 稅費，優惠了整整 10%；廣州南沙也鼓勵這類產業企業，按 15% 稅率徵收企業所得稅。此外，一些城市還對香港高端人才提供個人所得稅差額補貼，實際稅負可以降到 15% 甚至更低。

創業補貼與資金支持：降低初期資金壓力

為鼓勵香港的青年人和專業人士在內地創業，不少城市和地區提供一次性創業補貼、辦公場租金減免、貸款貼息等支持。例如，深圳前海對符合條件的企業可以提供最高 50 萬元的啟動資金，並享受前三年辦公場地租金 50%-100% 的補貼；橫琴設立了專項基金，支持港澳青年創業，最高可獲得 100 萬元資助。

簽證與居住便利：簡化跨境流動

內地對香港人在簽證和居留方面提供了諸多便利。例如之前有提到過的「港澳居民居住證」。

行業准入放寬：更多領域向港人開放

內地對香港投資者放寬了多個行業的准入限制，像是金融、法律、醫療、教育等領域。香港專業人士在內地執業時，資格認證流程也更簡化，部分行業甚至可以直接認可香港的執業資格。例如深圳前海允許香港會計、法律、建築等專業人士直接在前海執業，廣州南沙在建築、醫療等領域可讓香港專業人士通過備案制直接在南沙執業。

住房與生活配套：解決後顧之憂

為吸引香港人才長期定居，一些城市或地區提供人才公寓、購房優惠、子女入學便利等配套政策。例如深圳、廣州等地為符合條件的香港人提供低於市場價的住房，或發放租房補貼；廣州南沙打造了全國首個可用住房公積金支付房租的港澳公寓項目，也提供租金優惠，設立港人子弟學校，提供港式教育體系，部分學校開設「港澳子弟班」，銜接香港學制。

個人創業經驗分享

有關各地針對港澳人士創業就業的優惠政策，説實話筆者也覺得網上資訊不足而且有點混亂；申請手續對於較少接觸內地部門的人士來説也甚為繁複，部分申請只要不小心在文件上遺漏了一個公司印章，也可能會阻礙申請進度，甚至令整個申請失敗。因此筆者建議申請時，緊記要再三檢查各項文件是否準備妥當，以及做好可能需要經常到訪部門辦事處處理遺漏事宜的心理準備。

當然市場上亦有不少協助港澳人士在內地創業及申請各項優惠補貼的中介公司，可以大幅減少申請的複雜程度。部分公司更會營運一些針對港澳人士而設的初創企業「孵化器」，讓客戶節省初期的租金開支，以及提供平台與其他港澳創業人士交流。不過老實説這些中介公司收費並不便宜，「孵化器」的租金亦較市場租值高一點，是否選擇中介公司的服務就留待讀者自行決定。

另一種獲取資訊的途徑是「**GoGBA 港商服務站**」，它是由香港貿發局、福田區政府及廣東省香港商會合辦的平台，除了在深圳和廣州設有大灣區服務中心外，在粵港澳大灣區的 11 個城市也設立 GoGBA 港商服務站。

此外，GoGBA 也有灣區經貿的微信小程序和公眾號；目前在深圳前海國際人才港和福田高鐵站有站點，除了可以查詢大灣區營商資訊外，還會定期組織一些活動。福田高鐵站的 GoGBA 港商服務站還有活動室和會議室，可供港商和創業者免費借用。需要注意的是，這些設施不接受臨時借用，需要提前兩個月提交申請批核。

另外內地與香港的市場及職場文化存在不少差異，若對內地文化並不了解而貿然在內地創業，很容易會遭遇滑鐵盧。所以筆者認識不少在內地創業的港澳人士，大多有較深厚的內地背景，例如曾在內地升學，甚或是於內地出生及成長再移居港澳，因而比較熟悉內地文化及情況。

以下是部分內地與香港市場及職場的文化差異：

- 內地有午休文化，大部分人中午習慣午睡，所以內地企業的午餐時間通常有 2 小時左右；
- 部分工種除薪金外，亦須包含食宿等福利；
- 內地實行五天工作制，每天工作 8 小時，工作日加班需繳付 150% 工資；
- 僱員於休息日上班需繳付雙倍工資，而法定節假日上班則需繳付三倍工資，不過有不少僱員會選擇與僱主商討補休，以換取更長的假期方便回鄉探親；
- 農曆新年期間及前後十多天，大部分工人會休息，工廠亦會停工，大城市特別是深圳，流動人口更會大幅減少；

- 僱主理應為僱員繳交「五險一金」，但部分工種性質類似香港的「自僱人士」，例如外賣騎手，有關保障尚在完善當中；
- 內地 B2B（公對公）交易，即使金額不大，也習慣簽署合約，有別於香港傾向使用口頭協議。

內地創業機遇的確會比香港多，但競爭亦會遠比香港大，內地稱這個現象為「**內捲**」。要在「內捲」中突圍而出，筆者認為首要條件是深入了解內地市場文化，多做功課。比如深圳的餐飲是內捲非常嚴重的行業。筆者見證過不少新興的餐飲品牌，剛剛開業時大排長龍，但短短不到一年時間就沒人光顧，最後黯然損手離場；某家餐廳發明了一項服務形式受到大眾歡迎，很快就會被其他餐廳模仿甚至超越；某家餐廳的某個新菜品受到追捧，其他同類餐廳也會很快推出一樣的菜品。餐廳想要長期保有競爭力，就得花很多心思在創新上。

小貼士

現時港資企業在深圳及珠海進行投資時，可以選擇香港法律作為適用於民商事合同的法律，及就商事爭議選擇香港作為仲裁地，即「港資港法」及「港資港仲裁」，此舉也是鼓勵港資企業在內地進行投資。

要不要申請「人才公寓」？

大灣區不少城市和地區有吸引港澳人才的住房政策，各地此類政策的框架大致相若，只是在細節上有些許不同，筆者就以最具代表性的深圳前海來舉例說明。

深圳作為大灣區核心城市之一，吸引了大量香港人北上工作或生活。而前海作為深港現代服務業合作區改革開放的最前沿，深圳市前海管理局通過「人才住房」政策，提供租金優惠（市場參考租金的 60%）的住房選擇，來吸引港澳青年人才在前海創業、就業。

1. 港人申請前海人才公寓需滿足的基本條件

(1) 身份要求

- 年齡 45 周歲以下；
- 持有香港永久性居民身份證或港澳居民來往內地通行證（回鄉證）；以及
- 在深圳前海有合法工作或創業（須提供勞動合同、社保記錄或營業執照）。

(2) 學歷或職業要求

- 本科及以上學歷，或擁有一定專業技能，符合深圳人才認定標準。

(3) 其他要求

- 本人及配偶在深圳無自有住房（或符合政府規定的住房困難標準）；以及
- 在深圳沒有領取過任何購房補助及租房補助；以及
- 在深圳連續繳納社保或個人所得稅滿一定時長。

2. 申請流程

深圳人才公寓申請主要分為線上提交資料和線下審核兩個步驟。在官網上填寫申請表及遞交相關證明，然後政府審核資料，通過後視房源情況而進入輪候名單或參與抽籤。收到選房通知後，前往指定地點抽籤。抽到房號，同時會知道樓層單位、建築面積以及戶型，之後需要在規定時限內，確定是否要租住這個單位。

但在簽訂租賃合同之前，申請人只可以通過公眾號看平面圖，以及透過在線 AI 全景察看示範單位，不可以實地參觀實際抽到的單位。如果確認承租，即須簽訂租賃合同，租期最長 3 年，可續簽（需重新審核資格）。簽訂好租賃合同，繳交了按金後就可以去驗房收樓，一般在收樓後一星期內發現問題，可以找物業跟進解決。

至於選房，原則上有三次抽籤機會，但實際操作情況是，第一次抽籤放棄的話，第二次申請時若上一次抽到的單位未被他人租用，會直接派發該單位，再放棄則被視作放棄第二次機會；若已被他人抽去並租賃，才有第二次抽籤的機會。另外抽到的單位不可以與其他申請人交換。例如一間公司同時為兩位員工申請人才房，兩位申請人分別抽到的單位是不可以互換的。

3. 深圳港澳人才公寓有哪些選擇？

公寓	龍海家園 1-8 棟	塘朗城 B 座	科技生態園 1 棟 C 座	前海天境花園 1 棟 4-5 單元
區域	南山區前海	南山區西里	南山區深圳灣	南山區前海
建築面積	30-55 平方米	44-71 平方米	30-70 平方米	67-87 平方米
租金	32 元 / 月 / 平方米	47 元 / 月 / 平方米	75.4 元 / 月 / 平方米	85 元 / 月 / 平方米
管理費	3.2 元 / 月 / 平方米	4.5 元 / 月 / 平方米	3.9 元 / 月 / 平方米	6 元 / 月 / 平方米
戶型	兩房一廳、一房一廳、開放式單身公寓	兩房兩廳、兩房一廳、開放式單身公寓	兩房一廳、一房一廳、開放式單身公寓	三房一廳、兩房一廳
地點	位於前海深港青年夢工廠二期旁，近鯉魚門、前海灣地鐵站；距離深圳灣口岸地鐵站四個站，自駕 20 分鐘	塘朗地鐵站旁商場上蓋，距離深圳北站兩個站	位於科技園，距離深圳灣口岸自駕 12 分鐘	全新高檔小區，近前灣公園地鐵站，距離深圳灣口岸自駕 11 分鐘

小貼士

選「人才公寓」還是「租房補貼」？

除了人才公寓，前海對港澳青年在居住上的政策還有居住補貼，為 1,000 元 / 月，然而兩者只可二選一。雖説人才公寓的租金低廉，但畢竟選擇單位的限制較多，亦有不少北上青年放棄人才公寓，選擇領取租房補貼，然後自己租住其他地方。由於無法在簽訂租賃合同前實地視察，筆者曾有朋友收樓時，才發現房間窗戶正對着地鐵通風口，空氣欠佳下，最後放棄續租。

因此，筆者建議如果只是在內地短期工作，或者有其他更加心儀的租房地點，那麼領取租房補貼自己租房，已是一個不錯的選擇。

附錄

跨境養老大趨勢

大灣區養老資源的整合

基於經濟和歷史背景，大灣區是一個獨特的地方。不單各城市的生活模式不同，就連人口結構也存在很大的差異。當中香港的老年化問題尤其嚴重，現時每五個人便有一位是長者；深圳則是全國最年輕的城市之一。放眼大灣區內地九市，全部均比香港「年輕」，加上地大物博，養老設施亦越來越充足，狀況肯定比香港養老資源的「求過於供」好很多。所以，在養老議題上，內地和香港有充分合作的理由。

大灣區的老年人口比例：

城市	65 歲及以上人口佔比（2020 年）	老年人口撫養比（2020 年）
香港	19%	27%
澳門	12%	16%
廣州市	8%	10%
深圳市	3%	4%
東莞市	4%	4%
佛山市	7%	9%

城市	65 歲及以上人口佔比（2020 年）	老年人口撫養比（2020 年）
惠州市	7%	9%
江門市	13%	18%
中山市	6%	8%
肇慶市	12%	18%
珠海市	7%	9%

資料來源：《大灣區跨境養老的探索—融通、創新、未來》報告（安永，2025 年）

在大灣區一小時生活圈中，「跨境養老」正成為一種新趨勢，也是香港推行相關政策的大方向。香港勞工及福利局與廣東省民政廳在 2023 年簽訂《關於共同推進粵港兩地養老合作的備忘錄》後，更代表着未來有更多的福利可異地享用。

例子（一）：現金津貼類

廣東計劃／ 福建計劃

1. **高齡津貼：**70 歲或以上長者每月可獲 $1,640，毋須經濟審查，僅須符合連續居港七年且申請前一年在港居住（離港不超過 90 天）。
2. **長者生活津貼：**65 歲或以上長者每月可獲 $4,250，需通過資產及收入審查（單身人士資產上限 $406,000，夫婦 $616,000），且需每年在廣東或福建居住滿 60 天。

例子（二）：跨境養老院舍支援

社會福利署（社署）的「廣東院舍照顧服務計劃」，為正在資助長期護理服務中央輪候冊中，輪候資助安老宿位，並有意在大灣區內地城市養老的長者，提供多一個選擇，讓他們按本身的意願選擇入住計劃下的安老院，截至 2025 年 5 月份，名單如下：

1. 香港賽馬會深圳復康會頤康院（營辦機構：香港復康會）
2. 香港賽馬會伸手助人肇慶護老頤養院（營辦機構：伸手助人協會）
3. 佛山市暢享薈養老院有限公司（合作營運機構：頤盈投資有限公司）
4. 深業頤居養老運營（深圳）有限公司
5. 佛山市眾星天福養老服務有限公司
6. 中山火炬開發區頤康老年服務中心
7. 南沙區養老院（廣州市南沙區頤年養老服務中心）
8. 廣東頤壽醫療養老有限公司廣州麓湖家長薈分院
9. 保利養老服務管理有限公司廣州天悅和熹會頤養中心
10. 廣州椿萱茂陳涌養老服務有限公司（合作營運機構：九龍樂善堂）
11. 佛山市順德區和泰安養中心（合作營運機構：頤樂居有限公司）
12. 江門市新會區養老中心
13. 佛山市南海區桃苑福利中心有限公司

14. 深高速深高樂康健康服務（深圳）有限公司（光明社會福利院）（合作營運機構：頤盈投資有限公司）
15. 深圳市寶安區前海人壽幸福之家養老院（合作營運機構：北京安老院有限公司）

例子（三）：醫療費用支援

香港特區政府於 2025 年 5 月 2 日宣佈擴展「長者醫療券大灣區試點計劃」，新增 12 家位於大灣區內地城市的三級甲等醫院，涵蓋珠海、佛山、惠州、江門及肇慶等此前未覆蓋的城市，實現大灣區內地九市（廣州、深圳、珠海、佛山、惠州、東莞、中山、江門、肇慶）全覆蓋。至 2025 年 3 月，逾 1.3 萬名長者曾於大灣區使用醫療券，總交易額逾 $3,200 萬。年滿 65 歲、持有有效香港身份證的長者，預先登記「醫健通」系統即可享用。

除了香港政府的退休福利政策，內地的一些長者福利和便利措施也適用於香港的長者，以深圳為例，包括 60 歲及以上長者可以申請免費乘坐深圳市內地鐵及公交車，以及玩樂景點的門票優惠等等。

撇除政策的推動，從人性化的角度來説這也是自然現象，畢竟香港的生活成本相對高昂，且居住環境較狹窄，年輕人比率下降的情況下，香港養老存在「老人照顧老人」的現象，這情況在老人院中也很常見；所以，給香港長者多一個選擇，放眼大灣區，也許能擁有更優質的退休生活。

中產家庭的退休「福音」

香港人是「富有」抑或「貧窮」？縱觀全世界的統計數字，香港絕對是富有的地區之一，但為甚麼又有很多人擔心無錢退休，晚年生活不保呢？這個和香港的資產價格存在着一定的關係。

根據 2021 年香港立法會的一份《自置居所對香港社會經濟的影響》報告所顯示，香港有 536,000 名 60 歲及以上年長人士居於自置房屋。然而，部分擁有資產的退休人士的財政狀況，未似預期。根據相關的貧窮情況報告，約有 112,000 居於自置單位的長者，於 2019 年活在貧窮線之下（相等於居於自置單位年長人士的五分一），而其居所的中位數價值估計為 $520 萬。所以，有人笑稱香港的百萬富翁「窮到燶」，也不無道理，很多人是有「資產」的，但是用來「住」了，不僅沒有收入，甚至每個月也要支付管理費，又要不定期支付維修費。這也算是香港的獨特現象。「高資產、低收入」，對表面上「有錢」但又感覺「貧困」的退休人士來說，「跨境養老」也許是解決方案之一。我們先從稍微刻板一點的數字説起，再談香港普遍家庭的真實情況。

假設一對夫婦在香港退休，以沒有自住物業為例，二人一個月的生活成本，估計 $3 萬是很「普通的」，畢竟

在香港市區租一個一房單位的租金也不便宜，整體生活費更加不輕，以國際數據網站 numbeo.com 的資料計算，模擬退休生活成本及儲蓄目標：

模擬二人退休生活（沒有自置物業）：費用及儲蓄目標（港元）

	每月生活成本（二人；估算）	儲蓄目標（假設每年回報：3%）	儲蓄目標（假設每年回報：5%）	儲蓄目標（假設每年回報：7%）
香港	$33,783	$13,513,200	$8,107,920	$5,791,371
廣州	$12,889	$5,155,600	$3,093,360	$2,209,542
深圳	$14,898	$5,959,200	$3,575,520	$2,553,942

數據來源：numbeo.com

香港每個月 3 萬多元的退休生活成本，需要多少儲備才可以「食息不食本」地過活呢？視乎你的投資能力而言，如果每年有信心做到 5% 回報的話，需要 800 萬左右，也是坊間不少機構調查所說的數字；在香港有所謂「沒有 1,000 萬很難退休」的數學理據，但有了跨境退休這個選項後，計算辦法將變得不一樣。舉例，你願意搬到深圳或廣州退休，基於整體生活成本有望減少 50% 或以上，儲蓄目標自然也大大降低；若以一年 5% 回報及現時的物價作計算，夫妻二人希望退休，香港估計需要 800 萬的資產，而廣州和深圳只需約 300 萬至 400 萬。

有朋友可能會說 300 萬也不少，況且我不懂得投資，如何是好？不要緊，辦法肯定比困難多。對於一眾有自置物業但是用於自住的業主而言，**移家北上代表可以將物業由「自住」變「出租」**，以租務回報 3% 計算，一個市值約 500 萬元的物業，每月租金約 $12,500，對於支持在內地的退休生活，可以起到很大的幫助。

不過，將香港物業出租就代表在香港沒有了住處，要回香港看病就不方便，也不適合希望旅居兩地的家庭，可有其他的思路呢？**安老按揭**可能是辦法之一，以下是一個模擬個案，看安老按揭的應用。

甚麼是「安老按揭」？

逆按揭由香港按揭證券有限公司（「按證公司」）推出，又稱「安老按揭計劃」，是由銀行提供的抵押貸款安排，貸款抵押品就是你的物業。逆按揭計劃可視作為一種退休理財的工具，你可以用你的物業抵押給銀行，換取銀行的貸款。你可以選擇於一個固定年期或終身每月領取貸款金額（每月年金），為你帶來穩定的退休收入。與一般的物業按揭貸款不同，參與逆按揭計劃，你毋須擔心能否按時還款的問題，你亦毋須擔心自己能否一直居於已抵押物業直至終老的問題。

模擬個案：希望穿梭兩地、單身退休的陳女士

陳女士，65 歲，手持一個自住物業（市值約 600 萬），

打算回內地退休，但又希望保留香港的住所，方便回港和朋友相聚以及看病覆診等等。

可能性（一）：年金支持內地生活；保留香港住處

根據安老按揭的官方計算機所示，陳女士如申請安老按揭，以固定計率計算，可收取終身年金，每月 $14,280，不用出租香港物業，也有現金流支持內地的生活。

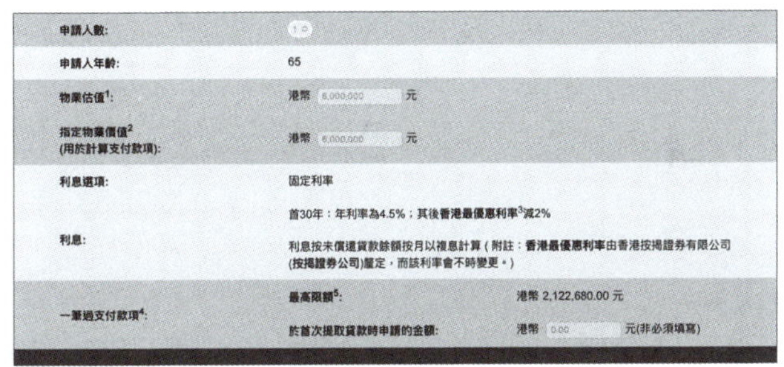

申請人數:		
申請人年齡:	65	
物業估值[1]:	港幣 6,000,000 元	
指定物業價值[2] (用於計算支付款項):	港幣 6,000,000 元	
利息選項:	固定利率	
利息:	首30年：年利率為4.5%；其後香港最優惠利率[3]減2% 利息按未償還貸款餘額按月以複息計算（附註：香港最優惠利率由香港按揭證券有限公司(按揭證券公司)釐定，而該利率會不時變更。）	
一筆過支付款項[4]:	最高限額[5]:	港幣 2,122,680.00 元
	於首次提取貸款時申請的金額:	港幣 0.00 元(非必須填寫)

年金列表[6]			
年金年期	於首次提取貸款時申請一筆過支付款項的金額 (港幣(元))	每月年金金額 (港幣(元))	年金總額 (港幣(元))
10 年	0.00	25,200.00	3,024,000.00
15 年	0.00	18,840.00	3,391,200.00
20 年	0.00	16,020.00	3,844,800.00
終身	0.00	14,280.00	6,854,400.00

可能性（二）：一筆過貸款助內地置業

陳女士如申請安老按揭時，除了可選擇收取年金外，也可以申請一筆過的貸款。舉例，申請一筆過的貸款，總值 100 萬，用於內地置業，減少在內地租樓的煩惱，也滿足了擁有自己物業的希望。及後，仍然可以終身收取每月年金，每月 $8225.39。

申請人數:	1	
申請人年齡:	65	
物業估值[1]:	港幣 6,000,000 元	
指定物業價值[2] (用於計算支付款項):	港幣 6,000,000 元	
利息選項:	固定利率	
利息:	首30年：年利率為4.5%；其後香港最優惠利率[3]減2% 利息按未償還貸款餘額按月以複息計算（附註：香港最優惠利率由香港按揭證券有限公司(按揭證券公司)釐定，而該利率會不時變更。）	
一筆過支付款項[4]:	最高限額[5]:	港幣 2,122,680.00 元
	於首次提取貸款時申請的金額:	港幣 1,000,000.00 元(非必須填寫)

年金列表[6]			
年金年期	於首次提取貸款時申請一筆過支付款項的金額 (港幣(元))	每月年金金額 (港幣(元))	年金總額 (港幣(元))
10 年	1,000,000.00	14,515.39	1,741,846.80
15 年	1,000,000.00	10,851.98	1,953,356.40
20 年	1,000,000.00	9,227.64	2,214,633.60
終身	1,000,000.00	8,225.39	3,948,187.20

在此補充幾句，從前很多長者也是問「申請了安老按揭是否會鎖死物業，不夠靈活？」是的，很多人也有這種感覺，不過近年已增加了一些有利退休人士的條款。舉例說，**容許將物業出租**。根據官網條款所示，如果借款人已持有物業 1 年或以上，以及借款人聲明已經退休或因接受長者或醫療護理服務而需要遷出物業，則可以申請將有關物業出租。

假設陳女士於內地置業後，居住在內地多年，已適應內地生活甚或是看病，也有自己的朋友圈子，有感每月 $8225.39 的年金「夠用」但不至於豐盛。她可以考慮申請將香港物業出租。事實上很多人仍然不知道**申請了安老按揭後，仍然有將物業出租的權利**。

以陳女士的個案而言，假設一個市值 600 萬的物業，以 3% 的租務回報為例，每月租金約 $15,000，加上年金

$8225.39，那麼一個物業就可自製類似「**出雙糧**」的效果，每月現金流約 $23,225，加上在內地有自置物業，相信也可過生活水平不錯的退休生活了。有興趣了解更多的朋友，記得向相關機構進一步諮詢。

跨境養老需要留意的三個細節：

跨境養老相信是未來的趨勢，但畢竟仍然是發展當中，包括政策和資產安排上仍然有一些細節甚或是潛在「伏位」，基於篇幅所限，本文將提及當中三個比較值得注意的，如下：

一、不夠「靈活」的長者生活津貼

香港政府社會福利署相繼在 2013 及 2018 年推出廣東計劃和福建計劃，讓移居內地的香港長者可以享有津貼。由 2025 年 2 月 1 日起，長者生活津貼的每月金額為 $4,250。

假設一對夫妻符合申請資格，二人合計可以拿到 $8,500 的津貼，相信足夠在內地過基本的退休生活。有人説長者生活津貼的申請資格是相對寬鬆的，有不少家庭也可以申請得到，但有意回內地退休的朋友，要進一步注意以下的這個細節，否則有可能為申請這筆長者生活津貼帶來困難。

模擬情況：提早回鄉生活的陳太

陳太現時 65 歲，年齡、收入和資產均符合申請長者生活津貼的資格。

她於大概 5 年前因身體狀況欠佳，為降低生活成本，與丈夫離開香港，回到惠州生活，此後一直居住在惠州，只是間中返回香港。現時，丈夫身體進一步轉差，因中風而完全失去工作能力。陳太希望申請香港的長者生活津貼以支持內地的退休生活。

陳太可以申請香港長者生活津貼嗎？

理論上是可以的，但她必須符合**在申請的前一年不能離港超過 90 日**。所以，她需要從惠州短暫移居回香港，在香港居住一年後才可申請。由於陳太在香港已沒有住處，所以可能需要在香港租屋，以及離開她的丈夫一段時間。

成功申請後又如何？

成功申請後，於領取津貼期間，繼續在廣東（只適用於廣東計劃）／福建（只適用於福建計劃）居留，廣東／福建計劃受惠人只要在付款年度內在廣東（只適用於廣東計劃）／福建（只適用於福建計劃）居住不少於 60 天，便可領取全年的津貼，條件是相對寬鬆一點的。

所謂「天下間沒有免費的午餐」，任何的公共政策和福利都有其申請條件，申請人宜提前了解相關的規劃，根據自己的情況，決定最終移家北上的年齡和時機。

二、回內地退休可能影響子女報税

基於一國兩制的本質，政策發展和融合需時，以下是一個比較有趣又少人注意的財務事項，就是香港的報税問題了。

假設你是一位年青人，在香港工作，每年都有繳納薪俸税，而父母 70 歲，你每年報税時都會申報供養父母免税額；不過剛剛這個年度發生了一些變化，父母移居到珠海退休，決定長住當地，對你在報税時有甚麼影響呢？你可能因此**不能申報父母免税額**。根據現行的政策，供養 60 歲以上的父母可以合共申報到 10 萬元的免税額。假設以薪俸税最週的税階 17%計算的話，供養父母有機會節省高達 $17,000 的薪俸税。換句話説，如果變成不可以申報，每年可能多繳 $17,000 的税！

根據香港現行的政策，若長者移居內地退休，其子女申報薪俸税時，關於「供養父母及供養祖父母或外祖父母免税額」的資格將受到以下影響：

根據香港的税務條例，申請「供養父母免税額」的條件之一，是受養人（父母、祖父母或外祖父母）

在相關課税年度內必須「通常居住於香港」。此要求適用於所有申領該免税額的納税人，即使受養人持有香港永久居民身份證，若長期居於內地，有可能不符合資格。

甚麼是「通常居住」？

1. 受養人需慣常以香港為日常生活地，僅暫時性或偶爾性離港。

2. 税務局會綜合評估受養人的社交及經濟聯繫，例如在港逗留日數、是否擁有固定居所，以及是否在港工作等。

內地生活的影響？

1. 若父母移居內地後僅偶爾返港探親（如每年僅數天），則被視為「非通常居住於香港」，子女無法申領免税額。

2. 若父母僅短期居內地（如療養數月），但主要生活仍以香港為重心，則仍符合資格。

香港政策會因應大趨勢而修改嗎？

就上述的問題而言，曾有立法會議員向香港税務局查詢，包括會否將「供養父母及供養祖父母或外祖父母免税額」的受養人通常居住地規定，放寬至大灣區內地九市？以及會否將「長者住宿照顧開支扣除」的院舍所在地規定，放寬至大灣區內地九市，以消除供養人和長者的後顧之憂，讓長者有更多優質院舍可選擇？

香港稅務局曾經作出過書面回應，指出香港採用地域來源原則徵收薪俸稅，即只有於香港產生或得自香港的受僱薪酬、退休金或其他因職位而獲得的入息需要繳納薪俸稅。與此同時，薪俸稅下亦設有若干免稅額及扣除項目，因應它們設立的政策目標和處理實施時被濫用的風險，因而設有不同的申索資格，當中包括地域限制。同時，特別是政府正透過財政整合計劃應對財政赤字，現時沒有計劃把有關規定放寬至內地及其他香港以外的地方。

雖然，以上都是「小枝節」而已，但如果家中有長者決定回內地退休，後輩在報稅時便要留意，並且應適時向稅務局查詢，確保自己的申報正確無誤。

三、放租香港物業要注意的管理事宜

前文提及出租香港物業，以香港租金支持過內地生活，等同「套戥」兩地的物價，是符合經濟學邏輯的。不過，香港物業的老化現象也是越來越嚴重，政府的維修政策也是越來越嚴格，李澄幸因工作關係，很常接觸舊樓的業主，也遇過不少老人家「突然」收到屋宇署的信件，原來是維修命令已寄出多時，但沒人執行，繼而會面對一些金錢甚或是法律問題。

根據香港的法例要求，作為業主是有不少義務及責任的，最常見的就是保持物業的狀態及維修，以僭建的清拆令為例，如果不遵從：

刑罰	說明
不遵從法定命令	1. 刑事罪行； 2. 最高刑罰為監禁一年；以及 3. 罰款港幣 $200,000； 4. 屋宇署或會指示政府承建商代為清拆； 5. 屋宇署會向業主悉數追討工程費連監督費及附加費。
違法情況持續	加判每日罰款港幣 $20,000

資料來源：https://www.bd.gov.hk/tc/resources/faq/index_statutory_orders.html

人在香港將舊樓放租也可能大意，更何況身在內地。舉個例子，陳先生回內地養老並將香港物業出租，租客朱先生多次將業主的信件扔掉，當中包括強制驗窗和僭建爭議等。及後，屋宇署正式出了命令後，便會將相關文件在土地註冊處進行登記。結果，陳先生的物業不單止可能會被釘契，甚至可能因遲遲沒有處理，因此而惹上官非。

在此，跟大家分享一個資訊，由土地註冊處推出的公共服務「**物業把關易**」是所有業主都值得認識的，特別是有意移居內地的業主。如果你申請成為物業把關易的用戶，你可時刻留意所申請物業的狀況。即使業主身處異地，每當有涉及物業的文書交付土地註冊處註冊，土地註冊處就會以電郵提示業主有關資料。業主及早發現，可迅速採取相應行動，避免蒙受重大損失。

訂購期及費用

每個被選定使用物業把關易的土地登記冊的訂購費用如下（以港幣計）：

訂購期	一次過訂購 * （按每個土地登記冊計算）	24 個月
新申請	$380	$250
服務續期（只供現有用戶）	不適用	$160

* 服務有效期至物業轉手為止，毋須續期，輕鬆簡便。

只需要幾百元的費用，便可為自己的物業在遇上極端情況時買一個保險，且能及早發現問題並減低潛在影響。有意申請的業主，請到以下網址獲取更多的資訊，參考網址：物業把關易（https://www.landreg.gov.hk/tc/services/services_e.htm）

結語：

跨境養老是一個發展中的大趨勢，無論是生活或財務上也有不少注意事項，筆者會持續關心這些議題，有興趣的朋友可以訂閱我們的 YouTube 頻道，了解更多。

後記

我們很幸運，可以在粵港澳大灣區融合的大趨勢中留下一點點的「墨水」，希望我們的生活經驗和所見所聞有助大家「省時省心」，並且對於前往內地生活、創業甚或是退休部署有更多的了解。儘管書中的經驗或許會隨政策更新、城市發展而變化，但作為一本「指南」，我們相信未來一段時間也是有其價值的。

事實上，政策真的是不斷與時俱進，本書於 2025 年第二季撰寫，在 7 月份出版時已有一些政策改變，比如醫療券等。所以，本書肯定不是「終點」，更像是一個「開始」，加上生活議題眾多，本書肯定未能一一涉獵，歡迎大家多多給我們反饋，我們將持續關注更多相關議題，並在我們的 YouTube 頻道及 facebook 專頁和大家交流。如果你也有興趣，誠邀你訂閱我們的 YouTube 頻道及 facebook 專頁：

Youtube 頻道：
「西 DorSi 偽中產生活態度」

Youtube 頻道：
「李澄幸 _ 理財關你事」

Facebook：
西 DorSi

Facebook：
李澄幸 Ray LEE

最後，再次感謝每一位細讀此書的你，期待未來在不同的場合與大家見面！

西 DorSi、李澄幸

編著
西 DorSi、李澄幸

責任編輯
蘇慧怡、梁卓倫

裝幀設計
羅美齡

排版
陳章力、楊詠雯

出版者
萬里機構出版有限公司
香港北角英皇道 499 號北角工業大廈 20 樓
電話：2564 7511　　傳真：2565 5539
電郵：info@wanlibk.com
網址：http://www.wanlibk.com
http://www.facebook.com/wanlibk

發行者
香港聯合書刊物流有限公司
香港荃灣德士古道 220-248 號荃灣工業中心 16 樓
電話：2150 2100　　傳真：2407 3062
電郵：info@suplogistics.com.hk
網址：http://www.suplogistics.com.hk

承印者
美雅印刷製本有限公司
香港九龍觀塘榮業街 6 號海濱工業大廈 4 樓 A 室

出版日期
二〇二五年七月第一次印刷

規格
32 開（208 mm × 142 mm）

ISBN 978-962-14-7637-1